广视角 · 全方位 · 多品种

权威 · 前沿 · 原创

皮书系列为
“十二五”国家重点图书出版规划项目

U0832511

广东蓝皮书
BLUE BOOK OF GUANGDONG

广东省电子商务发展报告（2013）

REPORT ON THE DEVELOPMENT OF ELECTRONIC COMMERCE IN GUANGDONG PROVINCE (2013)

主 编／祁 明 程 晓

社会科学文献出版社
SOCIAL SCIENCES ACADEMIC PRESS (CHINA)

图书在版编目（CIP）数据

广东省电子商务发展报告. 2013/祁明，程晓主编.
—北京：社会科学文献出版社，2013.12
（广东蓝皮书）
ISBN 978－7－5097－5356－9

Ⅰ.①广…　Ⅱ.①祁…②程…　Ⅲ.①电子商务－研究报告－广东省－2013　Ⅳ.①F724.6

中国版本图书馆CIP数据核字（2013）第286463号

广东蓝皮书
广东省电子商务发展报告（2013）

主　　编／祁　明　程　晓

出 版 人／谢寿光
出 版 者／社会科学文献出版社
地　　址／北京市西城区北三环中路甲29号院3号楼华龙大厦
邮政编码／100029

责任部门／皮书出版中心（010）59367127　　责任编辑／陈　帅　王　颉
电子信箱／pishubu@ ssap. cn　　责任校对／李　红
项目统筹／邓泳红　　责任印制／岳　阳
经　　销／社会科学文献出版社市场营销中心（010）59367081　59367089
读者服务／读者服务中心（010）59367028

印　　装／北京季峰印刷有限公司
开　　本／787mm×1092mm　1/16　　印　　张／19
版　　次／2013年12月第1版　　字　　数／225千字
印　　次／2013年12月第1次印刷
书　　号／ISBN 978－7－5097－5356－9
定　　价／69.00元

《广东省电子商务发展报告（2013）》
编 委 会

指导单位　广东省经济和信息化委员会
主编单位　广东省电子商务协会
支持单位　华南理工大学现代服务业研究院
华南电子商务联盟

主要编撰者简介

祁　明　教授，博士生导师，华南理工大学现代服务业研究院副院长，原华南理工大学经济与贸易学院执行院长、电子商务学院院长，兼任广东省电子商务协会副会长和专家委员会主任、广东省现代服务业联合会副会长、广东省技术创新宣讲团团长、梅州市人民政府经济发展特聘顾问。已经出版《企业创新标杆》《区域创新标杆》《网络金融实用教材》《电子商务安全与保密》（国家精品教材）等著作。近5年来，承担省部级和企业级科研项目20多项，发表各类学术论文30多篇。目前，主要围绕信息化应用和科技服务两大方向开展理论、技术和应用研究，获“中国信息化学术与管理带头人”和“改革开放30年华南理工大学百名杰出教工”等荣誉称号。

程　晓　高级经济师，广东省电子商务协会常务副会长兼秘书长、专家委员会副主任，华南理工大学现代服务业研究院研究员，兼任广东省现代服务业联合会副会长、广东省制造业协会副会长、广东开发区发展研究会副会长、广东省企业发展研究专家委成员。出版《现代企业品牌运营与创新》《广东现代服务业发展报告(2012)》等。承担省部级和企业级科研项目十多项，曾主持阳江市工业经济发展规划等课题研究。研究方向为区域经济与产业集群、信息管理。

摘　要

电子商务是依托于信息技术和多媒体技术快速发展起来的新兴产业。电子商务带动了传统产业发展变革以及商业运营模式和管理模式的创新。近年来，随着科学技术的进步，电子商务应用得以迅速推广，迎来了高速发展的新时期。电子商务已经成为推动产业转型升级、拉动区域经济增长、促进社会经济发展的重要动力。

凭借改革开放的政策环境和毗邻港澳的地域优势，广东经济发展一直处于全国前列，这为电子商务的发展奠定了良好的经济基础和发展环境。依据相关数据，广东省 2012 年电子商务交易额达 1.5 万亿元，同比增长 25%，发展前景十分可观。2012 年，广东省政府启动了“广货网上行”活动，大力扶持和引导电子商务发展，广东电子商务发展进入了新阶段。为及时了解广东省电子商务发展情况和趋势，借鉴国内外电子商务发展先进的方法和经验，为广东及其他地区电子商务的发展提供有益参考，科学指导广东电子商务发展实现新飞跃，在广东省经济和信息化委员会的业务指导下，华南理工大学现代服务业研究院等单位的大力支持下，广东省电子商务协会组织编写了《广东省电子商务发展报告（2013）》。

全报告包括总报告、专题篇、地区篇、案例篇和附录，全面展现了 2012 年广东电子商务的发展情况，研究分析各地区电子商务发展和工作的开展情况，结合区域经济发展现状，对广东的电子商务发展进行预测。同时，本报告介绍了广东省优秀电子商务企业，分析优秀企业的成功经验，以起到进一步促进广东省电子商务产业健康和谐发展的带动作用。

总体来说，作为全国第一本区域电子商务产业发展的蓝皮书，本报告展示了广东电子商务发展的轨迹和发展成果，同时能够使读者了解广东及国内外电子商务产业发展的新政策、新规划、新趋势。

Abstract

E-commerce industry is an emerging industry based on information technology and multimedia technology. E-commerce is driving the development of the traditional industries as well as the innovation of commercial operation and management model. In recent years, with the rapid development of information technology, E-commerce has quickly become widespread, and now it has entered a period of high-speed development. It became an important impetus to industrial transferring and upgrading, driving regional economic growth and accelerating social development.

As one of the earliest area that adopted the opening up and reform policy and thanks to its geographical advantage in being adjacent to Hong Kong and Macao, economic development in Guangdong province ranks high in the nation. This laid a good economic foundation for the E-commerce development. Related data show that in 2012, the total turnover of the E-commerce industry in Guangdong province reached 1500 billion yuan, 25% higher than the same period last year, that's a considerable development achievement. In 2012, the Guangdong provincial government launched the "Guangdong Products Online Marketing" activities, vigorously supporting and guiding the development of the E-commerce industry, this will greatly promote the development of E-commerce industry in Guangdong province.

The report includes General Report, Special Reports, Reports on Case Studies, Reports on Regional Development, and Appendixes. This report shows the general development of E-commerce industry in

Guangdong province, analyzed current development of electronic commerce in different areas. Based on the present situation of regional economic development, this report forecasts the development in the following years. At the same time, this report introduces outstanding enterprises in Guangdong province, analyzed their successful experience, contributing to the healthy and harmonious development of E-commerce industry in Guangdong.

The goal of this report is to learn the current state of and development trends in Guangdong E-commerce industry, to absorb advanced experience from both home and abroad, and to provide some helpful references to Guangdong and other areas. As the first blue book about regional E-commerce industry development in China, the readers can learn the development trajectory and not common report of Guangdong E-commerce industry, and the latest planning, policy and information about E-commerce industry both foreign and domestic.

序　言

戚真理*

电子商务是通过信息化手段进行的商务活动，是我国战略性新兴产业与现代流通方式的重要组成部分。电子商务是广东省开展改革规划、引导传统产业转型升级、推动区域经济发展的重要战略基点。《广东省现代产业体系建设总体规划（2010～2015年）》明确将电子商务作为广东现代信息服务业建设的重要内容。2012年8月，广东省人民政府启动“广货网上行”活动，发布了《广东省电子商务发展“十二五”规划》，全面推进广东省电子商务应用推广和普及，引导电子商务产业做大做强。2013年1月，广东省人民政府办公厅颁布了《广东省人民政府办公厅关于加快发展电子商务的意见》，提出了要依托广东省产业优势，加大政策扶持力度，完善服务支撑体系，优化电子商务发展环境，促进网络经济与实体经济深度融合，为促消费、稳增长、调结构、惠民生注入新的强大动力。

“十一五”以来，广东省电子商务产业取得了丰硕成果，产业规模不断扩大，市场结构逐步优化，电子商务支撑产业体系不断完善。2012年，广东省电子商务交易总额约1.5万亿元；同时，广东省网上支出占到全国的14.06%，同比增长了67.61%，成为全

---

* 戚真理，广东省经济和信息化委员会党组副书记、巡视员，华南电子商务联盟主席。

国第二大网上消费省份。电子商务丰富了人们的生活，创新了产业发展模式，已经成为全省经济社会发展的新驱动力。广东省电子商务经济的发展带动了各类电子商务服务商的发展，促进了具有服务广东产业集群特色的服务发展和创新，广东省逐步形成了完善的服务配套商，以及与平台、制造业、网购消费者协同发展的生态体系。目前，广东省电子商务服务商规模占据全国市场的35%以上，广东省逐渐形成了全网营销服务的特征，逐渐形成了发展程度较高的电子商务服务集聚，在广州、深圳、佛山、东莞等地形成了一批电子商务龙头企业。

随着广东省信息化进程的不断推进，电子商务已经成为全省健全现代产业体系、推动产业转型升级、建设“幸福广东”的强有力支撑。广东省要实现产业竞争力和自主创新能力的提升，就要不断推动信息技术的发展，促进现代服务业与先进制造业的融合，大力扶持电子商务产业的发展。“广货网上行”活动是推动广东省电子商务发展再上新台阶的有力举措，有利于电子商务的推广和应用，推动传统产业转型升级，推动广东省名牌建设和推广。

目前，广东正处在经济发展方式转变和产业结构调整的重要阶段。创新产业发展、推动现代产业发展实现新飞跃是广东省经济社会发展的重要任务，对广东电子商务产业发展进行研究具有很强的理论意义和现实意义。广东省电子商务协会组织编写的《广东省电子商务发展报告（2013）》一书，正是对广东电子商务发展问题进行的一项系统研究，对进一步深化对广东电子商务产业的认识、准确把握电子商务产业发展中存在的问题并予以解决，以及促进电子商务产业健康发展有十分重要的意义。

广东省政府将继续推进“广货网上行”活动，以实际行动贯彻执行本省的决策部署，大力推进广东省电子商务发展实现新跨越，推进广东省产业发展转型升级，提升广东省产业发展的凝聚力和竞争力。希望广东省电子商务协会整合社会资源，积极开展理论研究、政策研究、应用研究，为广东电子商务产业发展、广东现代产业体系建设和社会经济发展做出更大的贡献。

戚真理

2013 年 11 月

目录

𝔹Ⅰ 总报告

𝔹Ⅱ 专题篇

𝔹Ⅲ 地区篇

ⅣB Ⅳ 案例篇

BV 附录

CONTENTS

𝔹 I General Report

𝔹 II Special Reports

𝔹 III Reports on Regional Development

B Ⅳ Reports of Case Studies

B V Appendixes

总 报 告

General Report

B.1 改革发展，创新发展，推进广东电商产业发展新飞跃

摘　要：

电子商务产业是新兴产业，是依托于信息技术和现代管理发展起来的知识密集型服务业，能够实现24小时、突破时空限制的商贸服务，能够有效地降低商务成本，其资源依赖度低、技术含量高，是现代社会经济发展的重要推动力量。电子商务是传统产业的转型升级，借助信息技术，实现了传统市场的电子化，以及人们沟通和联系方式的信息化，在世界各国尤其是发达国家的发展已达到空前的规模。在国内外，电子商务产业的战略重要性日益凸显，电子商务已成为推动产业转型升级、拉动区域经济增长、促进社会发展的一种新力量。

关键词：

广东　电子商务　创新

一　广东省电子商务产业发展现状

电子商务是我国战略性新兴产业和现代流通方式的重要组成部分。广东省委、省政府把加快和促进信息化和电子商务应用作为广东省更好地参与国际竞争、转变经济增长方式的重要支撑，把现代信息服务业发展和电子商务应用作为经济发展制高点来规划。广东省委副书记、省长朱小丹曾强调："发展电子商务不仅是改造提升传统零售业最有力的手段，也是拓展消费市场、促进社会消费、扩大内需的重要途径。"①

（一）广东省"十一五"期间电子商务发展成就回顾

广东省向来重视电子商务产业的发展，不断推动电子商务产业及电子商务支撑产业发展，积极鼓励和扶持电子商务产业重点项目。"十一五"期间，广东省的电子商务产业发展取得了丰硕成果，电子商务发展总体处于全国领先水平，与长三角、京津唐地区一起成为我国电子商务发展的三大增长极。广东电子商务产业正处于快速扩张阶段，呈现出专业化、规模化、集聚化发展的特点，电子商务与其他产业的融合加快，促进了经济结构调整和产业转型升级。

第一，电子商务规模较大。2010 年，广东省互联网普及率达

① 谢思佳、符信：《朱小丹调研广东电子商务发展时强调　尽快出台政策措施扶持电子商务发展》，《羊城晚报》2012 年 7 月 4 日。

到55.3%，网民规模为5324万人；网络购物人数有1927万人，约占网民总数的36.2%；手机网民数量达3881万人，上网比例达到72.9%，比全国平均水平高出6.9个百分点。广东省电子商务交易规模不断扩大，2010年达到8000亿元，尤其是大型企业的网络购销比重呈现逐年上升的趋势。

第二，电子商务应用成效显著。广东省各行业和消费领域的电子商务应用不断拓展，与实体经济融合的程度也不断提高，尤其是在钢铁、石化、塑料、粮食、汽车和电子等行业，涌现出了一批年交易额超过100亿元的电子商务平台。此外，广东的外贸电子商务发展迅速，移动电子商务逐渐成熟，应用电子商务的中小企业也快速增加，网络购物增长也表现出迅猛态势。

第三，电子商务集聚发展程度较高。2008年，广州市被评为“国家移动电子商务试点示范城市”。2009年，深圳市成为全国首个获批的创建“国家电子商务示范城市”的城市。一批龙头企业在广州、深圳、佛山、东莞等地形成了集聚、集群态势明显的电子商务集聚区。

第四，电子商务支撑体系不断完善。广东的电子商务信用服务、电子支付、物流配送和电子认证等支撑体系不断优化，尤其是网上支付、移动支付等支付服务得到快速发展。

第五，电子商务发展环境不断完善。广东省的电子商务发展体制机制不断健全，各方面对电子商务发展的支持力度不断加大，云计算和物联网等信息技术的应用拓展了电子商务的应用领域，电子商务标准体系建设得以加快推进。这为电子商务的发展创造了有利条件。

（二）广东省“十二五”期间电子商务产业发展迅速

“十二五”时期是广东省“加快转型升级、建设幸福广东”

的重要时期。“十二五”期间，广东省电子商务产业继续集聚发展，产业规模不断壮大，产业链不断完善，支撑配套产业不断成熟。2011 年，广东省电子商务交易额达 1.2 万亿元，约占全国的 17%，排名全国第一，相当于全省 GDP 的 22.8%；全省网络购物交易额约 1200 亿元，全国排名第一，约占全国的1/7，占社会消费品零售总额的 5.9%。2012 年，广东省继续营造良好的电子商务发展环境，推动产业稳步增长，助力全省产业转型升级。2012 年，广东省电子信息业实现增加值 4531.1 亿元，电子商务交易额约为 1.5 万亿元，同比增长 25%，均居全国首位（见图 1）。

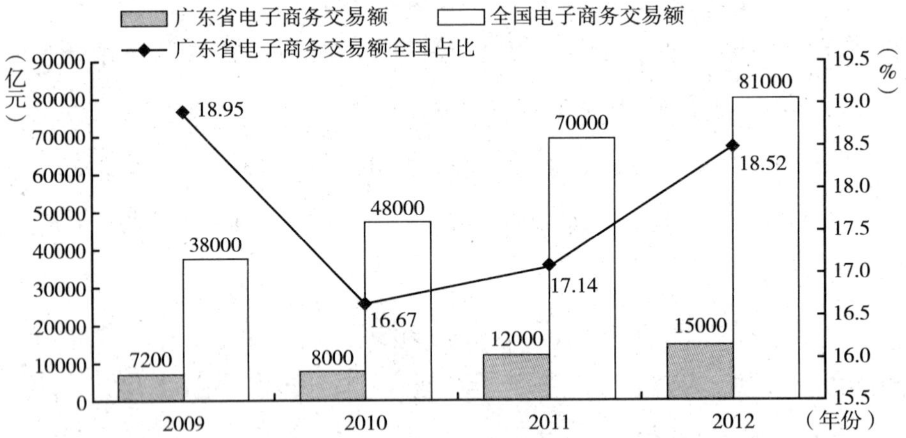

图 1　2009～2012 年广东电子商务交易额及全国占比

资料来源：根据艾瑞咨询、商务部、报告数据整理。

2012 年，全球经济复苏乏力，不确定因素时有发生，国际贸易增速放缓，美国财政危机尚未解决，欧洲依然深陷债务危机无法自拔。“促内销、稳增长”成为中央政府对经济发展的总体要求。广东省作为传统制造业大省和电子商务消费大省，产业发展面临严峻考验。广东省加紧推动产业转型升级和电子商务产业规划，2012年，广东省委副书记、省长朱小丹就加快电子商务发展提出了六项建议："一是把加快电子商务发展作为广东以信息化技术和现代经营业态改造提升服务业的重要切入点。珠三角地区要加快服务业转型升级，鼓励传统零售业发展网络销售平台。二是把加快培育全国性电子商务平台和网商龙头企业作为电子商务发展的重中之重。要打造覆盖全国的综合性电子商务平台，提高广东省电子商务龙头企业的核心竞争力和营业收入占全国电子商务企业营业收入总量的占比。三是把发展电子商务作为引导制造业企业转型升级的重要环节。要大力发展制造业直销模式、社交网模式、团购模式、物联网电子商务应用模式等电子商务新模式。四是把政府支持与市场运作更好地结合起来。要科学编制电子商务发展规划，制定具体扶持政策，完善相关法规规章，打造公共服务平台，吸引集聚一批电子商务高端人才。五是把网上促销作为当前促消费、扩内需、稳增长的重要举措。要精心策划组织开展'广货网上行'，尽快在全国率先推出网上促销联合行动。六是把电子商务信用体系和监管体系建设纳入'两建'行动方案。要加强电子商务协（商）会建设，促进行业自律，树立网商的良好信誉。"①

2012年6月，广东省出台了《广东省电子商务"十二五"发展规划》，明确了广东省"十二五"期间电子商务的发展目标和政策支持。同时，广东省推出以"广货网上行"为抓手的"促内销"创新举措，以此推动本省电子商务渠道壮大繁荣，推动制造业"触网"拓展销路。2012年，广东省加大了对电子商务产业的扶持

① 谢思佳、符信：《朱小丹问政电子商务发展大计　安排5亿扶持电商》，《广州日报》2012年7月28日。

力度，广东省出台新政策，新增5亿元发展资金，推出一揽子措施，着力打造电子商务发展新高地，加快推动传统制造业和服务业的转型升级。与此同时，广东省将打造覆盖全国的综合性电子商务平台，全力打造电子商务发展的“硅谷”。2012年12月，广东省第一个省级电子商务发展意见——《关于加快发展电子商务的意见》发布。该意见指出，为促进电子商务发展，广东将在财政、税收、融资、用地、人才、市场准入等方面加大政策的支持力度，加快培育一批电子商务平台和网商。

广东省对电子商务产业的大力度扶持，有效地促进了全省电子商务产业的发展，广东省电子商务服务业发展十分迅速。依据中国电子商务研究中心的数据，广东省已经成为我国电子商务服务企业分布第二大省（见图2）。

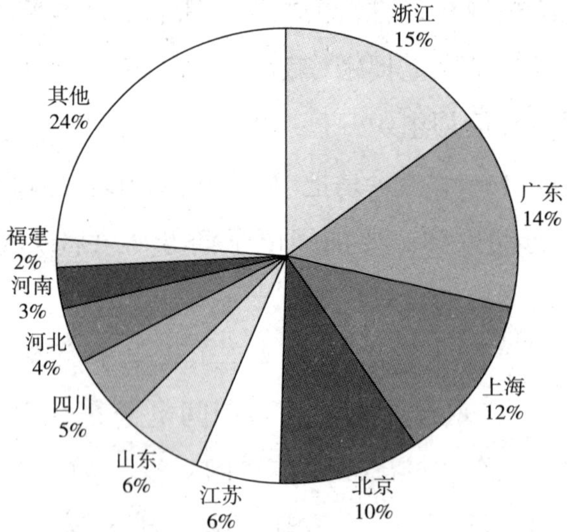

图2 中国电子商务服务企业区域分布

资料来源：中国电子商务研究中心，《2012年度中国电子商务市场数据监测报告》，2013年3月。

二 广东省电子商务产业存在的问题

广东省的电子商务产业发展十分迅速，政府扶持力度和政策支持不断深入，市场规模不断扩大，产业发展不断成熟，市场机制不断完善。尽管如此，广东省的电子商务发展仍面临着一些亟须解决的问题，具体如下。

第一，电子商务的应用领域还须进一步拓展，中小企业电子商务的应用水平也有待进一步提高，能引领产业链协同发展的电子商务平台和龙头企业数量仍然偏少。

第二，电子商务发展环境还不太完善，体制机制的改革需要进一步深化，监管和纠纷处理制度尚未建立，信用体系建设有待进一步加强。

第三，电子商务发展的区域结构和行业结构不尽合理，服务效率不太高，相关领域的人才队伍相对弱小。

第四，电子商务标准体系建设还处于起步阶段，统计和监测工作有待进一步加强。

三 广东省电子商务发展的对策和建议

总体上，全国电子商务的发展度过了“黄金十年”，浙江、上海、北京等地在这十年间发展十分迅速，广东省在这十年里也取得了显著成绩，但总体上发展相对于我国电子商务发达地区而言仍然落后，进入新的“黄金十年”发展时期，广东省加紧部署电子商务发展大局，推进政策和重点工程扶持，相继推出了《广东省电子商务“十二五”发展规划》与《关于加快发展电子商务的意见》

等文件，针对广东省电子商务发展出现的问题，提出了以下发展对策和发展任务。

（一）推动电子商务应用普及和深化

一是推动重点行业的电子商务应用。在省内优势产业发展壮大一批专业性的电子商务交易平台，不断创新行业的电子商务发展模式。引导已有的综合性和行业性信息服务平台向集交易、支付和信息服务于一体的电子商务平台转型。以产业集群、产业园区和专业市场为依托，建设第三方电子商务平台，鼓励大型企业的电子商务平台向社会开放，逐步向行业电子商务平台方向发展转型。

二是提高企业电子商务的应用水平。进一步提高企业的信息化水平，夯实企业电子商务的应用基础。支持企业间业务流程和信息系统的互联互通，实现基于电子商务的供应链协作。支持大型企业自建电子商务平台，推动平台与企业内部管理系统的对接和集成。鼓励中小企业运用第三方电子商务平台，开展在线采购、销售、结算等业务。

三是加快发展网络零售。鼓励大中型零售企业创新发展网络零售，建设线上线下一体化、实体与虚拟相互融合的电子商务零售平台。提升数字出版、游戏动漫的网络销售比重。鼓励发展网络零售平台和社区电子商务平台。大力发展电子客票、电子货单。支持和规范团购电子商务的发展。鼓励大型快递企业依托物流配送网络发展面向消费者的电子商务。有序发展自然人间（C2C）的电子商务。

四是推进移动电子商务应用。利用新一代移动通信、物联网、云计算技术拓展电子商务应用。鼓励企业建设移动电子商务服务平台，提供移动电子商务服务。鼓励应用手机、平板电脑、手提电脑等智能移动终端，面向公共事业、交通旅游、就业家政、休闲娱乐、市场商情等领域，发展移动支付服务、便民服务和商务信息服务。完善移动电子商务技术体系、标准和业务规范。

（二）完善电子商务支撑服务体系

一是大力发展信用服务。加快培育信用调查、认证、评估、担保等社会中介服务组织，对电子商务经营主体开展商务信用评估。建立科学的信用评价体系，促进电子商务信用信息与社会其他领域信息的对接和共享，打造涵盖线上、线下经营活动的具有公信力的电子商务信用服务平台，形成完整的电子商务信用信息服务系统，实现信用信息互联互通。

二是积极发展电子认证服务。完善电子认证体系，为社会提供可靠的电子认证服务。支持市场化的社会征信机构开展电子商务信息服务，培育实名认证、数据保护、司法鉴定、审计取证等第三方电子商务安全服务。强化电子商务数据安全，支持全省数字证书认证中心建设。大力推动数字证书、电子印章、电子签名在电子商务领域的应用。推进跨境数字证书互认，积极推动粤港澳数字证书尽快实现互认互通。进一步规范密钥、证书、电子认证机构的管理。鼓励电子认证技术研发，支持具有自主知识产权的加密和认证技术应用。

三是规范发展电子支付服务。鼓励金融机构建设在线支付平台，提供基于互联网、手机电话、自助终端等设施进行支付的各种电子支付服务，推动形成多元化的电子支付体系，促进电子支付良性竞争。规范和促进非金融机构电子支付业务的健康发展。鼓励开展在线支付、移动支付业务，支持发展银行卡、电子支票、手机钱包等各类电子支付和结算工具。逐步规范电子支付行为和支付接口，发展便捷、规范和统一的在线支付服务。

四是加快发展电子商务物流服务。支持建设一批符合电子商务发展需要的物流配送中心。推动现代物流企业提高专业服务水平，增强对电子商务发展的支撑能力。支持电子商务企业与物流企业数据库的对接，提高快递、零担运输、城市配送企业的电子商务物流服务协同度。

五是强化电子商务投融资服务。支持设立电子商务投资机构，进一步拓宽电子商务投融资渠道，加强对电子商务技术创新和模式创新的资金支持。鼓励金融机构加强对电子商务企业的信贷支持，扩大电子商务企业贷款抵质押品范围。加强政府财政资金对电子商务的引导和支持，形成政府引导性投入与社会资本投入互补的投融资机制。

（三）优化电子商务发展环境

一是建设电子商务集聚区。依托现有产业园区资源，建设一批电子商务集聚区。加强电子商务集聚区建设规划，完善综合服务体系，打造一批电子商务创业基地。重点支持广州市、深圳市和汕头市开展国家电子商务试点示范城市和示范基地的创建工作。

二是完善相关法律法规体系。积极制定电子商务发展法律法规和自律准则。落实电子支付、电子签名、信用服务和网络安全法规。建立电子商务信用监测制度和信用评估认证制度，推进电子政务制度化建设，以电子政务促进电子商务发展。建立电子商务评级制度。引导电子商务经营主体完善内部管理制度。

三是健全电子商务标准体系。开展在线支付、安全认证、电子单证、物流配送等电子商务配套标准和行业规范的制定工作，积极参与国际、国内电子商务标准的制定。提高电子商务信息发布、网上交易、电子支付、物流配送、售后服务、纠纷处理的标准化程度，加大行业标准及规范的应用推广、监督和认证力度。

四是鼓励电子商务创新。利用新一代移动通信、物联网、云计算、“三网融合”、下一代互联网等新型信息技术，推动电子商务技术创新。着力解决制约电子商务发展的关键技术、核心技术、共性技术问题。创建国家级电子商务应用创新示范区，积极探索电子商务模式创新。

五是加强电子商务产学研合作。鼓励高等院校、科研院所积极开展电子商务理论与应用基础研究。鼓励电子商务的产学研合作。鼓励政府、高校、企业及研究机构联合培训电子商务技术、营运和服务人才，鼓励通过校企合作创立大学生电子商务创业基地。

（四）提高电子商务国际化水平

一是加强外贸电子商务服务应用。加强电子商务在国际贸易和对外经济合作中的应用，支持企业运用电子商务开拓国际市场，鼓励企业通过电子商务完善进出口代理业务，提高贸易便利化水平。培育一批集报关、退税、国际物流、海外仓储、汇兑服务于一体的跨境电子商务服务企业，为中小企业开展国际电子商务提供支撑。大力发展对外贸易撮合、认证征信等电子商务增值服务。建立有效的国际化电子商务运营模式，提高跨境电子商务公共服务水平。

二是加强粤港澳电子商务合作。积极探索建立粤港澳电子商务互动发展模式，探索构建“9（珠三角9大城市）+2（港澳）一体化电子商务”体系，采取多样化、多层次、多模式的合作发展战略，推动粤港澳电子商务应用合作。

三是培育电子商务国际品牌。鼓励面向全球产业链协作的跨境电子商务发展，支持省内大型电子商务企业走向世界，拓展国际市场，打造一批在国内外有影响力的电子商务国际品牌，充分发挥品牌企业的带动作用和示范效应，推动电子商务的国际化发展。

四　广东省电子商务产业发展预测和展望

（一）全省电子商务应用水平将进一步提高，市场规模将稳步增长

一是制造业企业电子商务应用水平将进一步提高。制造业企业通过第三方零售平台开设旗舰店、专卖店，将大大拓展网络直销、网上订货等业务。二是传统商贸企业电子商务将快速发展。传统大型商贸企业将利用品牌信誉、采购分销和运营管理等优势，通过自建、收购、兼并等方式建设网上商城，通过网上商城开展“线上市场”与“线下市场”良性互动的网络零售业务（O2O）。三是中小微企业电子商务应用水平将进一步提升。中小微企业运用第三方电子商务平台开展在线采购、销售等生产经营活动，将进一步提高中小微型企业的电子商务应用水平。四是电子商务应用领域将进一步拓展。电子商务向物流、会展、旅游、教育、医疗、农业、文化、数字出版、服务贸易、社区服务、家政服务等领域的拓展，以及网上展会、电子旅游、网络教育、网上医院、网上菜市场、社区电子商务等领域的电子商务应用，将拓展电子商务市场规模。

（二）电子商务支撑产业将稳步提升，孕育新机遇

第一，电子商务标准化水平将全面提升。电子商务标准化研究

将会加强，制订广东省电子商务标准体系规划，抓紧出台网络（电子）发票管理规范、电子支付互联互通与安全保障规范、投诉举报处理规范、电子商务信用管理等标准规范。加快开展电子商务标准化试点和应用，通过标准化促进电子商务规范化。第二，认证和信用建设可进一步加强。完善电子认证体系，强化电子商务数据安全保障，推进跨境数字证书互认，积极推动粤港澳数字证书互认互通。第三，电子支付能力将会增强。第三方支付平台的建设将鼓励支付机构和消费者用电脑、手机、平板电脑和智能电视等多种终端进行支付，推动形成多元化的电子支付体系。第四，物流协同水平可以提升。与电子商务发展相适应的现代快递、物流配送体系，可进一步增强电子商务物流服务的协同能力，形成电子交易和实物配送融合发展的格局。

（三）电子商务自主创新能力将全面提升，抢占战略先机

第一，技术创新和应用将继续推进。云计算技术在电子商务中将得到进一步广泛应用，适用于电子商务的射频识别、二维码、红外感应器和全球定位系统技术也会进一步得以研发、推广。第二，经营模式将进一步创新。网络拍卖、数据托管、数据分析、网上培训等新业务将会不断出现并完善。第三，移动电子商务将得到大力发展。基于新一代移动通信、物联网、云计算技术，以及更加个性化、实时化、社交化、精准化的移动电子商务服务会不断出现。

（四）2013 年“广货网上行”将持续推动全省电子商务发展

“广货网上行”自 2012 年 8 月正式启动，在扩大广货网络交易额、推动一批传统企业应用电子商务、帮助广东省电子商务企业快速成长等方面取得了预期效果。根据广东省人民政府意见，2013

年主要从继续强化宣传推广工作、推动活动官方网站和微博功能提升、大力支持各类市场主体参与活动、加大力度推动企业“上网触电”、举办电子商务大讲堂、加强与战略合作机构的协作、定期举办“广货网上行”促销月活动、加强网购市场诚信体系建设等方面，继续开展“广货网上行”活动，将进一步推动全省电子商务的发展。

专　题　篇

Special Reports

B.2
全球电子商务产业发展经验和发展趋势

摘　要：

随着互联网的迅速扩张，电子商务迅速成为世界经济的发展热点，并逐渐成为世界各国的战略产业。电子商务拓展了商贸活动的范围，降低了贸易成本，提高了企业运营和管理效率，推动了传统产业的转型升级，成为世界经济发展的重要推动力量。

关键词：

电子商务　信息化　移动电子商务

一　全球电子商务发展经验

20世纪90年代以来，随着互联网的迅速扩张，电子商务迅速成为世界经济的发展热点，并逐渐成为世界各国的战略产业。

以美国为例，美国拥有全球3/4以上的网络资源，电子商务领域的应用规模处于世界领先地位，美国的电子商务产业已经成为其他产业的有力支撑。依据市场调研公司eMarketer的数据，美国已成为全球第一大电子商务市场。2012年，美国数字化购物开支为3434亿美元，占全球B2C市场31.5%的份额；旅行电子商务销售额达到1030亿美元，同比增长9%。美国政府积极制定电子商务发展战略，并且着力推动电子商务发展。目前，美国的电子商务产业链已经十分完善，带动了传统产业的飞速发展。

在经济全球化背景下，世界各国日益重视电子商务的发展。美国、欧盟、英国、日本等均出台了相关政策措施，推动电子商务产业进一步发展，这些政策措施对我国电子商务产业的发展具有一定的借鉴意义。

在提升国家信息化水平方面，1993年，美国政府提出了“国家信息基础设施行动计划”，即信息高速公路计划。它掀起了全球信息化的热潮，以加拿大为代表，欧盟、日本、韩国紧随其后，投入巨额资金建设本国信息化高速公路，积极扩大本国信息化服务范围。经过十几年的发展，这些国家的信息化程度已经非常高。以韩国为例，2002年，全国所有地区的高速光缆主干网建成，整个韩国的互联网传输速度提高了100倍；2005年，超高速度信息通信网在韩国全国范围内建成，使人们能够随时随地以低廉的价格获得优质的互联网信息；2008年，韩国电脑普及率与互联网使用率分别为88%和80%，高居世界第一。较高的信息化水平为韩国电子商务的高速发展提供了基础条件。

在优化电子商务产业环境方面，英国政府先后推出了《数据保护法》《电子通信法案》《信息自由法》《隐私和电子通信条例》

《通讯法案》等法令，以确保建立稳定、安全的电子商务信息传输环境。美国政府支持制定国际统一的贸易规范，大力促进电子商务发展，鼓励政府认可电子合同。2000 年 6 月，美国国会通过《电子签名法》，使电子签名与书面签名具有了同等的法律效力。澳大利亚政府为增强网民在网上交易的信心、促进电子商务发展，与各界广泛磋商、征求意见，提出了“建立消费者对电子商务的信心——企业电子商务最佳操作模式”。这一最佳模式提出了企业与消费者之间开展网上交易时应采纳的基本做法和实践，在公平交易、可行性、广告和行销活动、企业信息、合同条款信息、隐私、支付机制、安全与授权、适用法律、投诉处理机制和纠纷解决机制 11 个方面提出了基本指导方针。

在开放全球电子商务市场方面，从电子商务快速发展之初，美国政府就积极寻求推进国际合作，为跨国的电子商务活动发展扫清障碍。1997 年 12 月，欧盟与美国就全球电子商务指导原则问题达成协议，承诺建立“无关税电子空间”。1998 年 5 月，世界贸易组织 132 个成员签署了《全球电子商务宣言》。随后，经济合作与发展组织（OECD）成员也接受了关税豁免建议，世界贸易组织认可了这一原则。

二　全球电子商务的主要发展趋势

1. 电子商务的娱乐化和社交化

全球电子商务规模不断扩大，高盛（Goldman Sachs）的一组数据显示，2010 年全球电子商务规模为 5725 亿美元，平均增速为 19.4%；预计到 2013 年全球电子商务销售额将接近 1 万亿美元，达到 9630 亿美元。而电子商务在诞生之初，其功能为商贸功能的辅助。随着技术的进步和电子商务环境的变化，电子商务网站的功能逐渐增强，价格比较搜索引擎、在线支付等配套服务得以实现。这些进步简化了电子商务的工作流程，最大限度地方便了网络购物者。而近年来，网民的性别组成格局正在发生变化，女性网民呈现大幅度增长趋势，这大大增加了电子商务的娱乐性需求。加之网民整体趋于年轻化，电子商务需要增添趣味性和娱乐性因素。同时，将消费活动变成社交活动正成为电子商务最新的趋势，以美国网络购物市场的龙头企业亚马逊为例，它直接把社交网站 Facebook 的社交功能结合到亚马逊自己的网站上。

2. 电子商务与信息技术的进一步融合

信息技术是电子商务发展的重要支撑，电子商务的进一步发展势必要增强信息技术的应用范围。据 IDTechEx 数据，2012 年全球射频识别（RFID）市场总额达到 76.7 亿美元，较 2011 年增长 17%，尤其以服装和动物标签领域增长最为迅猛。与此同时，物联网、云计算等信息技术极大地提高了电子商务运行效率，并创新了电子商务服务形式。2008 年，IBM 公司提出“智慧地球”概念，利用信息技术提高生活的便利性和智能化水平。随着电子商务与信息技术的进一步融合，电子商务与企业信息化的联系也将更为紧密，朝着集成化、协同化和服务化的方向发展。

3. 移动电子商务将迎来大发展

移动电子商务借助短信、WAP 和 RFID 等方式实现，移动电子商务的应用包括手机银行、移动支付、移动订票和商务洽谈等领域。全球移动电子商务迅速发展，英国市场研究公司 Coda Rsearch 的数据显示，2010 年移动电子商务规模达到 24 亿美元，预计在 2015 年达到 238 亿美元。

亚洲的移动电子商务发展潜力巨大。日本移动电子商务已完全进入建立在宽带基础上的第三代移动通信（3G）时代，3G 网络可以提供更高的数据上下行速度，是支撑移动商务的高速信息传输平台。韩国政府一贯大力支持移动商务的发展，2007 年，韩国的移动数据业务市场达到 38770 亿韩元，平均年复合增长率达到 20%。依据艾瑞咨询数据，2012 年中国的移动商务市场交易规模为 478.6 亿元，较上年增长 205.4%，呈现出爆发式增长态势。

4. 电子商务服务业将迅速发展

电子商务是转变经济增长方式和优化产业结构的有效途径，能够带动相关产业发展，催生电子商务服务业。电子商务服务业涉及金融、人才、第三方物流、教育培训等多个行业，如网上支付机构、第三方物流等。电子商务服务业是以信息技术为核心的服务业，以电子商务服务为特征的新型贸易服务业的出现支撑了电子商务的发展。因此，随着电子商务的进一步发展，电子商务服务业必将迅速发展。

B.3

中国电子商务产业发展概况

摘　要：

近年来，电子商务在中国的发展十分迅速，产业规模迅速扩张。受全球经济增长迟缓影响，2012 年中国电子商务市场整体增速有所回落。中国电子商务应用不断普及，各区域发展取得了突破性成果。

关键词：

电子商务　中国　B2B　C2C

一　2012 年中国电子商务产业市场规模和增速

受全球经济增长迟缓的影响，2012 年我国电子商务市场整体增速有所回落。艾瑞咨询的数据显示，2012 年，中国电子商务市场交易规模达 8.1 万亿元（见图 1），较 2011 年同期增长 26.6%，整体增速趋缓（见图 1）；电子商务市场交易额占国内生产总值的 15.7%，相较于 2011 年的 13.5%，电子商务对经济的贡献度正在逐步提高。电子商务产业在整个国民经济中的作用日益突出。

二　2012 年中国电子商务产业市场结构

从电子商务整体市场结构看，网络购物交易额占电子商务市场交易额的比例由 2011 年的 12.3% 增长到 2012 年的 16.0%，企业

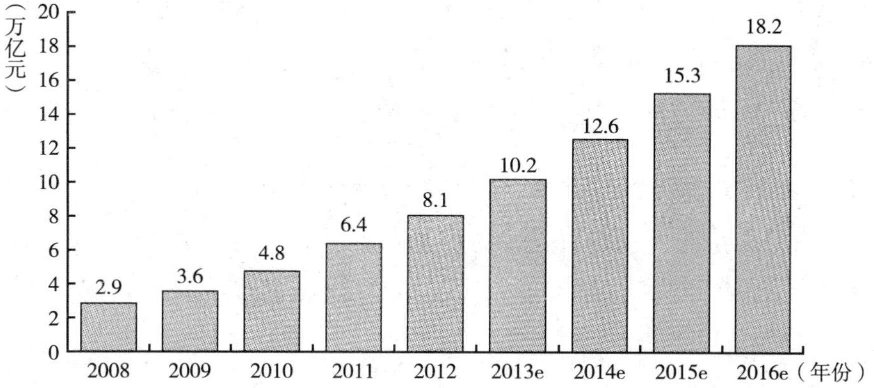

图1　2008～2016年中国电子商务市场交易额

注：e表示预期，下同。

资料来源：《TOP1000中国电子商务行业手册2013》。

间电子商务（B2B）交易额的占比则由2011年的85.4%回落到2012年的81.6%，电子商务的整体市场结构发生了变化（见图2）。

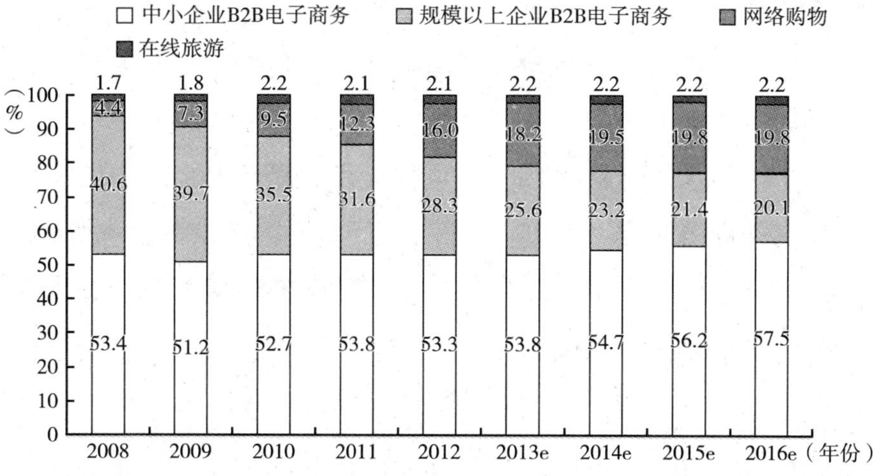

图2　2008～2016年中国电子商务市场交易规模细分市场构成

资料来源：《TOP1000中国电子商务行业手册2013》。

2012 年，国际经济环境疲软，国际贸易增速放缓。国际经济环境对我国的企业间电子商务（B2B）行为产生了直接影响，导致 B2B 整体增速放缓，进而影响到整体电子商务的发展速度。相较于企业间的电子商务，2012 年，我国网络购物市场保持了高速增长，电子商务企业通过一系列价格战、节日促销、电子商务平台店庆等活动方式，不断吸引和刺激消费者的消费，直接驱动了网络购物市场的快速发展。

三 2012 年中国电子商务细分行业发展现状

1. B2B 电子商务市场规模增大，增速放缓

中国电子商务研究中心数据显示，2012 年中国 B2B 电子商务市场规模达 6.25 万亿元，同比增长 28%，相较 2011 年下滑了 1 个百分点（见图 3）。分析图 3 的数据可以发现，中国 B2B 电子商务市场规模增速放缓，与国际经济环境相关，国际经济环境复苏缓慢，致使国内企业采购意愿下降，给我国 B2B 企业的发展带来了一定压力。

中国电子商务研究中心监测数据显示，截至 2012 年 12 月，我国 B2B 电子商务服务企业达 11350 家，同比增长 8%，较 2011 年下降 6 个百分点（见图 4）。2012 年宏观经济环境不景气，导致企业运营出现危机、人力成本急剧上升，B2B 服务企业也备受影响，裁员、转型、倒闭现象不时出现：老牌 B2B 网站万国商业网宣布倒闭；深圳商机网宣布转型电子商务解决方案商；环球资源被迫裁员；等等。但整体上，我国 B2B 电子商务服务企业仍在增速放缓的形势下稳步增长，发展前景广阔。

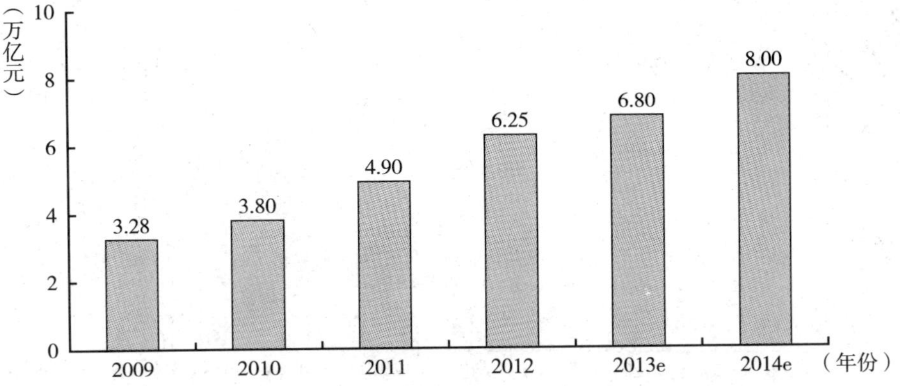

图 3　2009～2014 年中国 B2B 电子商务整体市场规模

资料来源：中国电子商务研究中心，《2012 年度中国电子商务市场数据监测报告》，2013 年 3 月。

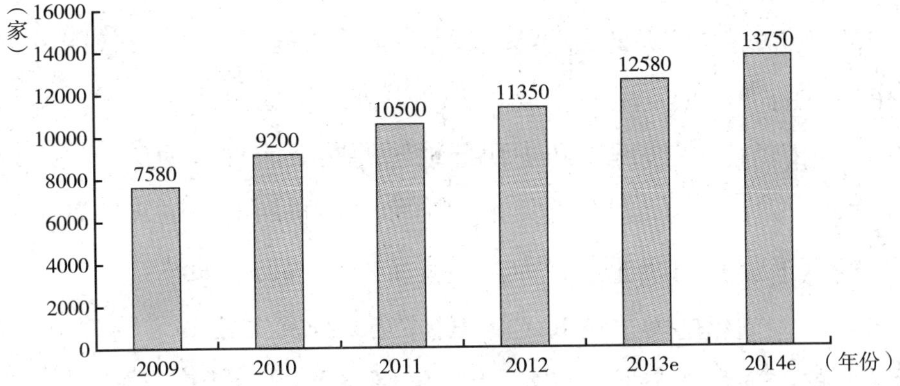

图 4　2009～2014 年中国 B2B 电子商务服务企业数量

资料来源：中国电子商务研究中心，《2012 年度中国电子商务市场数据监测报告》，2013 年 3 月。

2. 网络购物市场发展迅速，增速加快

艾瑞咨询公布的数据显示，2012 年中国网络购物市场交易规模达到 13040 亿元，较 2011 年增长 66.2%（见图 5），在社会消费品总零售额的占比达 6.2%。

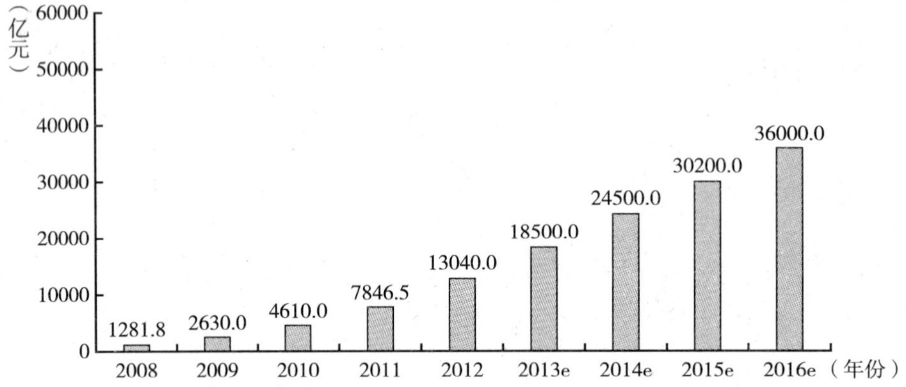

图5　2008～2016年中国网络购物市场交易规模

资料来源：《TOP1000中国电子商务行业手册2013》。

中国网络购物市场的发展已经逐步进入了成熟期。近几年来，我国的网络购物市场交易规模呈指数级的发展态势。随着我国B2B电子商务的进一步发展，企业将大规模进入电商行业。在未来的几年内，我国的二三线城市和中西部地区的网络购物市场发展潜力将得以进一步开发，特别是近年来我国移动互联网的飞速发展，开启了移动电子商务的新业态，大大提高了网络购物的便捷性。

3. 中国网络购物市场B2C/C2C市场结构发生变化

艾瑞咨询数据显示，2012年中国网络购物市场中B2C电子商务交易规模达3869.9亿元，占整体网络购物市场交易规模的比重达29.7%，较2011年的25.3%增长了4.4个百分点（见图6）；从增速上来看，2012年中国网络购物B2C电子商务市场增长95.1%，高于C2C电子商务市场56.4%的增速。

C2C电子商务仍然是我国网络购物市场的主要推动力，但经过这十余年的发展，我国网络购物市场的格局已经明显改变，B2C电子商务的市场份额不断扩大，这源于网络消费者的消费观念和生活

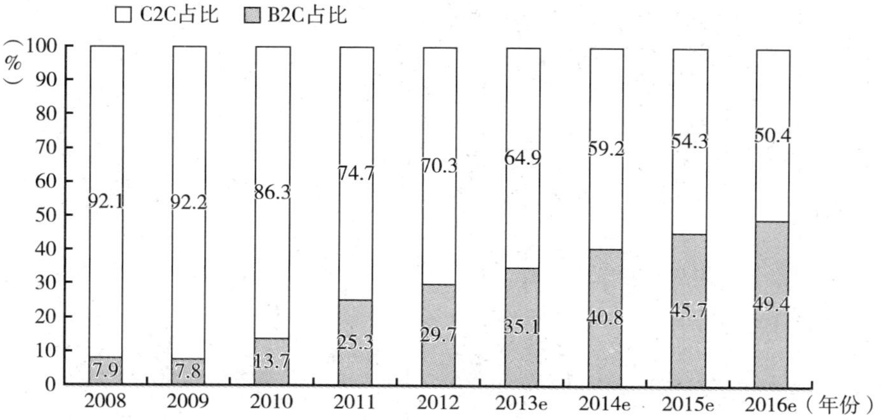

图6　2008～2016年中国网络购物市场结构

资料来源：《TOP1000中国电子商务行业手册2013》。

习惯的改变，网络市场在不断成熟，同样，网络消费者也在不断成熟。C2C电子商务仍然保持着强劲的活力，而B2C电子商务在信誉和质量保障方面较C2C有明显的优势，两种模式都有各自明显的竞争优势。近年来，天猫、京东商城、苏宁易购等B2C购物网站也融合了C2C的优势，通过大力吸引优质网商入驻，在确保商品质量的同时，也使商品的丰富性得到了提升，更好地满足了客户需求。

4. 团购市场发展现状

2012年，我国团购网站诞生率与关闭率均出现下降趋势（见图7），运营中2695家的团购网站数量低于2010年底的3200家。但团购网站数量的减少并不影响团购市场体量的增长，恰恰相反，生存下来的团购网的生存条件有了较大改善，商家在两年的培育之后，开发成本大幅降低。2012年度，全国团购交易额达到了348.85亿元的新高，与2011年的216.32亿元相比，增长61%。

据2012年的团购市场份额统计，独立团购网站占据了团购

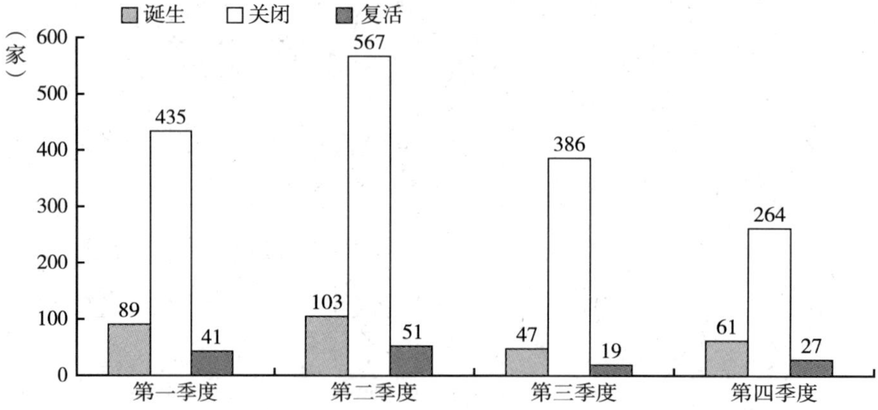

图 7　2012 年中国团购网站数量季度变化统计

资料来源：中国电子商务研究中心，《2012 年度中国网络团购市场数据监测报告》，2013 年 1 月。

市场 59% 的份额。以聚划算、京东团购和 58 团购为主的团购平台占据 41% 的市场份额。排前 10 名的独立团购网站依次为美团网（13%）、高朋网（7%）、拉手网（6%）、大众点评网（5%）、糯米网（5%）、窝窝团购网（5%）、千品网（2%）、满座网（2%）、嘀嗒团购网（1%）、聚齐网（1%）。十强团购网站占据了整个团购市场 47% 的市场份额。而以聚美优品网、知我网、Like 团购网、喜团网、团购王网、品质团购网等为主的中小综合团购网站和垂直细分团购网站占据了 12% 的市场份额（见图 8）。

四　2012 年中国主要地区电子商务发展现状

1. 浙江省电子商务发展现状

浙江是电子商务大省，传统产业及社会各领域电子商务应用快速推进，在技术、支付、物流等支撑服务方面取得了重大突破，各项主要指标均居全国前列。据不完全统计，截至 2010 年底，浙江

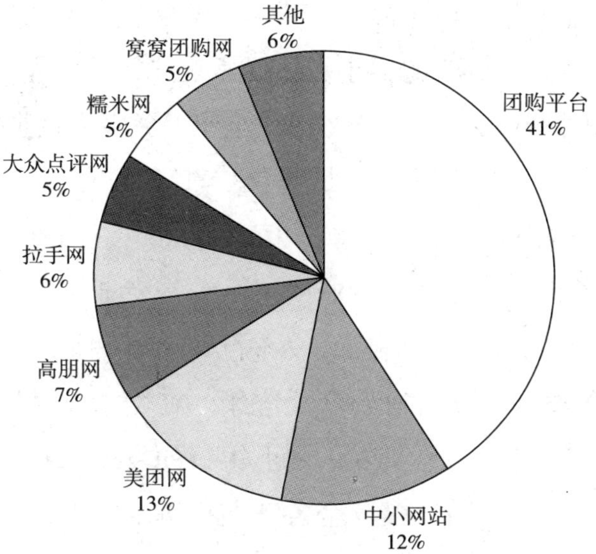

图 8　2012 年全国团购网站市场份额统计

资料来源：中国电子商务研究中心，《2012 年度中国网络团购市场数据监测报告》，2013 年 1 月。

全省拥有各类电子商务网站近 4000 家，其中，行业电子商务网站约有 2000 家，约占全国的 20%。全省六成以上的工商企业涉足电子商务，企业间电子商务交易额为 7000 多亿元，约占全国的 16%。全省现有各类零售网站约 2000 家，在第三方平台上经营的网商有 50 多万个，实现网络零售额 500 多亿元，约占全国的 1/10。2011 年，浙江共实现电子商务交易额 8700 亿元，同比增长 25%，2012 年超过 1 万亿元，居全国第一。

浙江省电子商务名优网站主要有阿里巴巴、淘宝网、天猫、支付宝、生意宝、中国化工网、中国服装网、中国纺织网、医药网、珍诚医药在线和 5173 等。

2. 江苏省电子商务发展现状

电子商务作为炙手可热的新兴产业，发展前景可期，江苏省正在大力推进全省企业迈入电子商务时代。2010 年，南京约 50% 的企业开展了电子商务应用，40% 的中小企业经常应用第三方平台。工商注册的电子商务相关企业达 2.1 万家，其中电子商务服务企业超 100 家。

第一，行业信息化取得长足进展。江苏省冶金、石油、石化、电子、机械、轻工、贸易、民航、医药、纺织、烟草、公交，以及农业和林业等都有了自己的专业网络系统和专业网站，各行业都采用网络及电子化手段收集信息，发布行业动态。

第二，各类网络支付得到广泛应用。在网络支付上，除了采用网上交易、网下支付的手段外，网上银行的发展，移动、联通等手机支付手段的广泛应用，以及全省正在推进的金融支付网关系统建设，使得支付手段灵活多样，包括银行支付手段在内的全省企业网上支付和各类消费类的网上支付。

第三，地区物流配送取得建设。在物流配送上，作为电子商务的配套措施，江苏省物流配送采用政府推进、行业牵头、企业投入、注重实效的方法，南京、苏州、徐州等已成为地区物流配送中心。许多地级市也在计划建设物流配送中心。国际上许多著名的连锁企业，如家乐福、欧尚、沃尔玛等，也计划在江苏省建设物流采购中心。

江苏省名优电子商务网站包括苏宁易购、焦点科技（中国制造网）、慧买网、CA 买卖网、同程网、买卖宝、孩子王、无锡买菜网等。

3. 上海市电子商务发展现状

上海是全国第一个建立电子商务全社会统计制度的地区。上海市商务委的数据显示，2007～2011 年，上海电子商务交易总额年平均增长 23%。据相关统计数据，2012 年，上海市电子商务交易总额为 7160 亿元，同比增长 30%；B2B 电子商务交易额增长 29%。

第一，网络零售增速领先。2012 年，上海全市实现网络零售交易额 600 多亿元，高于全球 6% 的水平。

第二，第三方支付排名领先。上海已有53家企业获得了非金融机构支付业务的许可证，占全国已经下发许可证数量的近1/4。2012年前三季度统计数据显示，上海第三方支付交易营业总额达到了2.8万亿元。

第三，加强政府规范和引导。发布了《上海市电子商务发展“十二五”规划》，并将电子商务纳入全市战略性新兴产业发展的重点加以辅助。

第四，积极引进大型外资电商企业。2012年，上海市引进了1号店与沃尔沃成功的联营，共建了1号店网上沃尔沃，沃尔沃电子商务中国区总部也落户浦东。

第五，探索基础管理的创新。完善全市电子商务统计制度，积极推进电子商务合同示范文本建设，加强电子商务标准化建设，进一步规范市场秩序，为电子商务发展营造良好的环境。

上海市电子商务名优网站包括焦点科技（我的钢铁网）、新蛋中国、麦考林、1号店、环迅支付、齐家网、银联商务、上海商派、携程旅行网、易迅网等。

4. 北京市电子商务发展现状

北京市的电子商务产业发展十分迅速，2012年，北京实现电子商务交易额约5500亿元，同比增长15%；团购网站在售团单数约为14.4万份，北京市民团购消费数量共计3094.4万人次，累计成交额达18.6亿元，全年团购折扣平均约为3.9折。2012年以来，北京网络购物消费投诉超过2.5万件，占投诉总量的52.3%，同比增长1.86倍。

北京市电子商务名优网站包括京东商城、当当网、凡客诚品、亚马逊中国、慧聪网、敦煌网、库巴网、银泰网、国美在线、艺龙旅行网、中粮我买网等。

B.4

广东网络购物拥有庞大的市场空间

摘　要：

网络购物是电子商务产业发展最迅速、最活跃的电子商务细分行业。广东依托完善的商贸环境和政策，网络购物市场规模集聚扩张，推动了网络购物市场的创新和发展。电子商务应用普及深入，广东网络购物市场发展前景广阔。

关键词：

网络购物　团购　支撑产业

一　广东省网络购物市场发展迅速

依据2013年1月的《中国互联网发展状况统计报告》数据，2011~2012年广东省网民总数达6627万人，网民总数居全国第一，网络普及率达63.1%，居全国第三。庞大的网民基础，为广东省网络购物提供了强大的发展动力。艾瑞咨询《2012~2013年中国网络购物用户行为研究报告》数据显示，广东省网络购物用户月度覆盖人数占比达12.2%，位居全国首位。依托广东省的产业优势和区域优势，广东省网络购物发展十分迅速，2011年，全省网络购物交易额约为1200亿元，全国排名第一，约占全国的1/7，占社会消费品零售总额的5.9%。支付宝数据显示，2012年，广东省用户的网上支出总额增长迅猛，占到全国总量的14.06%，以微弱差距落后浙江省14.85%的占比，成为网上消费第二大省份。在浙江、广东之后，上海、北京、江苏分列第 3 ~5 名。

广东省是传统制造业大省，同时也是消费大省。依托广东省自身的发展优势，广东省网络购物市场集聚发展，极大地扩大了商贸活动的范围、提高了商贸活动的效率。网络购物涉及的产品类别十分丰富，包括 3C 家电、母婴类产品、服装、鞋帽、化妆品、奢侈品、工业产品、农业产品等。网络购物拓展了传统制造业的销售渠道和营销渠道，有利于传统制造业的转型升级。同时，网络购物的发展也刺激着电子商务支撑产业的进一步发展，网络支付和物流等环节也在不断成熟，有效地促进了广东省电子商务产业链的完善和电子商务服务企业的发展。

随着广东省信息化程度的不断加深，网民的生活观念和消费观念也在不断改变，广东省孕育了一大批电子商务企业。在网络购物领域可以把电子商务企业划分为平台型和自营型两种。经过近些年的发展，广东省涌现了一批电子商务名优企业，如平台型的腾讯电商（包括旗下的 QQ 商城、易迅网和拍拍网）、唯品会，以及自营型的梦芭莎等。

二　网络团购发展日趋成熟

团购行业 2012 呈跌宕起伏的“N”形走势：2010 年，团购迎来了爆发式的增长；2011 年，受资本冷却、消费理性的影响，团购行业在“电商骗局论”和“团购速死论”氛围中走得异常艰辛，经历了一系列洗牌；所幸的是，2012 年团购走出了困境，第四季度团购行业集体发力，团购交易额屡创新高，“团购速死论”最终被证明是错误的。

广东的网络团购近年来发展十分迅速，发展潜力巨大。伴随着网络团购发展的一系列问题和网络团购的恶性竞争，网络团购经历了一系列洗牌，市场发展日趋成熟。依据团800跟踪统计数据，2012年广州团购成交额为10亿元，居全国第三位，超过全国98.9%的城市，全年共有8.5万份在售团单，销量达到1610万份，年人均消费62.4元，平均折扣约为4.1折/份。与2011年6亿元的总成交额相比，2012年广州团购市场规模净增4亿元，而全年成交额走势也在2012年中期冲高回落以后，在年底出现小幅反弹：全年成交额最高在7月达到1.3亿元，随后一路走低，下滑至10月的7508万元，最终以12月的8274.3万元收官，销量为116.4万份，在售团单超过1.2万份，人均消费71.1元，平均折扣为4.2折/份。2012年，广州团购数量整体有所增加，年初为294家，12月已经增长至325家，其中，访问异常网站维持在120家左右。与此同时，参与团购合作的商户数量增幅较大，12月共有广州本地商户18929家，年内净增4972家。

广东的许多城市已开始采用网络团购的商业模式，商家和用户都体验到了网络团购给自己生活带来的便利和经济实惠。各大全国性团购网站纷纷入驻广州、深圳、佛山、中山等城市，并取得了十分可观的市场销售额。同时，各地市的本地团购网站也在不断发展和成熟，本地商家积极加入团购网站进行营销，极大地促进了本地消费和企业发展。

B.5
电子商务业态研究

摘　要：

电子商务自诞生以来，给人们的生活带来了巨大的改变。电子商务产业不断成熟，电子商务的商业模式也在不断发展和创新，电子商务服务领域随之不断深入。电子商务不仅带来了商业模式的改变，而且改变了人们的生活习惯和思维方式。随着信息技术的进一步发展，电子商务产业将更加成熟，不断创新出电子商务新业态。
关键词：

信息技术　电子商务　新业态

一　电子商务运作体系

随着电子商务的不断成熟，电子商务涉及的领域和范围越来越广泛，包括多种类型的活动、组织机构以及技术。总体上，电子商务的总体运行建立在四个层面和两个支柱之上（见图1）。

体系层次上，从最基础的技术层到应用层依次为网络基础设施层、信息传播的基础设施层、贸易服务的基础设施层、电子商务应用层。四个层级代表电子商务设施的各级技术和应用层次。两个支柱代表着各种技术标准体系和国家宏观的政策、法律等社会人文环境，这是电子商务顺利应用的坚实基础。[①]

---

① 祁明：《电子商务实用教程》，高等教育出版社，2006。

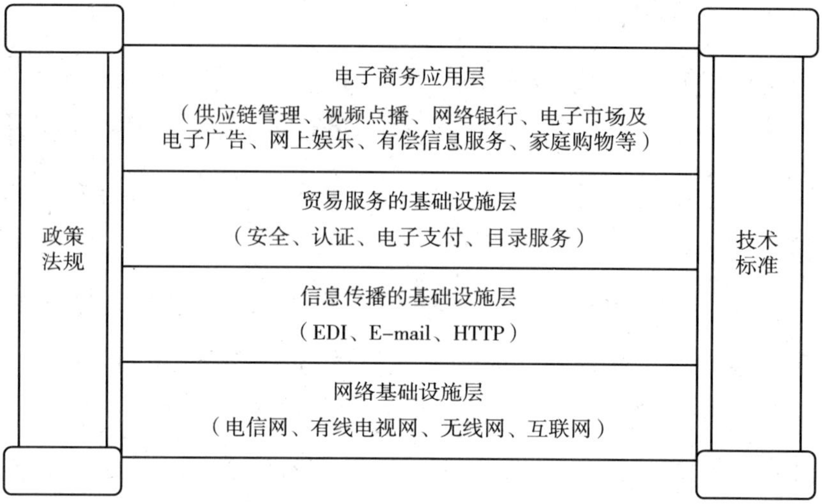

图1　电子商务运作体系框架

一般来说，电子商务商业模式的产生，建立在电子商务运行框架基础上，一个综合的商业模式主要包括以下六个部分：第一，对目标客户和这些客户与公司关系的描述，包括客户角度的价值主张（客户价值定位）。第二，对企业提供的产品和服务的说明。第三，对生产和销售的产品、服务所需要的业务流程的描述。第四，所需资源的列表，以及识别哪些资源可以利用，哪些资源可以开发，哪些资源需要获取。第五，对企业所在的供应链的描述，包括供应商和其他业务合作者。第六，对期望收益（收益模式）、期望成本、资金来源和利润估计的说明。①

二　电子商务新业态

随着电子商务的发展和成熟，人们已经建立起了全新的网上虚

① 〔美〕特班：《电子商务管理视角》，严建援等译，机械工业出版社，2007。

拟市场、新的市场秩序。电子商务极大地丰富和方便了人们的生活，同时也给整个经济市场带来了新元素和新活力。电子商务的业态创新主要体现在以下几点。

1. 跨越时空限制的全天候服务

传统商务活动受传统观念和客观条件的束缚。电子商务真正地实现了跨越时间、空间限制的24小时服务。电子商务将商业企业的市场扩展到全世界，企业可以通过网络进行企业形象宣传和产品信息发布等活动，大大提高了商贸活动的效率和范围。

2. 全新的经营模式和营销理念

电子商务创造了全新的商业运作模式，除了物流配送环节外，信息发布、商品展示、业务洽谈、订单下达和管理等活动都可以在网上直接处理，企业经营信息化程度更高，提高了企业效率和赢利能力。电子商务改变了传统的金字塔式的企业结构，企业结构趋于扁平化，沟通渠道缩短，企业管理得到转型升级。电子商务坚持“以客户为中心”的营销理念，客户是企业最宝贵的资源和财富，电子商务的战略核心便是满足客户个性化的需求。

3. 不断拓展的商业领域和商业模式

电子商务的经营模式有很多，依据交易的性质和参与方之间的关系，将电子商务商业模式划分为以下几类。

企业—企业（B2B），是指所有参与者都是企业或者其他组织的电子商务模式。

企业—消费者（B2C），是一种企业向个体消费者提供产品或服务的零售商业模式。

企业—政府（B2G），该模式覆盖了企业与政府部门间的各项事务，如政府的采购和税收等活动都可以通过网络形式进行。

企业—企业—消费者（B2B2C），是指一家企业向另一家客户企业提供某些产品或服务，使客户企业维持自己的客户群，这些客户群也可以是企业的内部员工。

消费者—企业（C2B），该模式既包括个人消费者直接利用网络向企业销售产品或服务，又包括个人消费者寻求买主，以对产品或服务进行报价。

消费者—消费者（C2C），在该模式下，个人消费者直接与其他个人消费者进行交易，如个人消费者利用网上分类广告出售房屋和汽车等产品。

随着信息技术的不断成熟和发展，电子商务不断深入人们生活的各个方面：国家间的贸易活动和科研合作，企业间的战略合作和商业交易，个人的工作、学习和娱乐，等等。伴随着电子商务全面地与人们的生活融合，电子商务的商业模式也在不断发展和创新，电子商务的新模式不断发展，网络团购、本地生活服务O2O、移动商务等新的电子商务服务模式展现了电子商务的高度可拓展性。

三　电子商务发展热点领域

1. 移动电子商务快速发展，孕育电子商务新机遇

2012年，中国移动购物市场交易规模达到550.4亿元，和2011年的114.6亿元相比增长380.3%（见图2）。2011年以来，各大电子商务企业开始逐渐布局移动端购物。2012年，中国3G网络普及速度加快，移动端尤其是智能手机的出货量和保有量都明显增长，中国网民逐渐培养起移动购物的习惯，移动购物市场规模随之迅速扩大。

PC端购物已经进入发展的成熟期，而移动端购物正处于成长

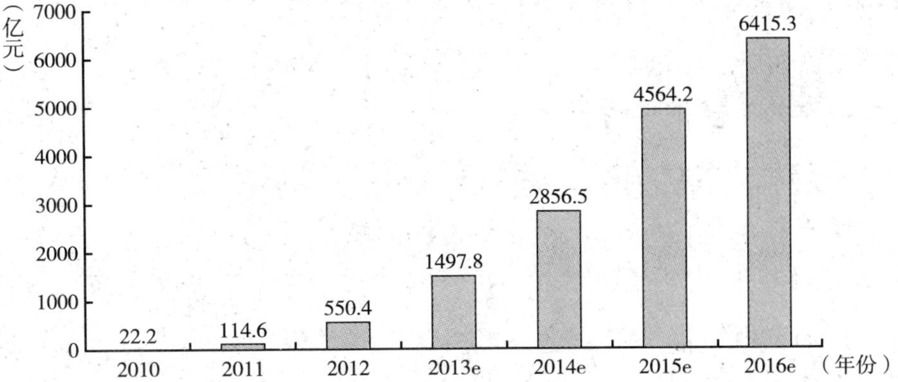

图 2　2010～2016 年中国移动购物市场交易规模

资料来源：《TOP1000 中国电子商务行业手册 2013》。

期，增速明显快于 PC 端购物（见图 3）。各大电子商务网站也都加紧布局移动端购物市场，抢占未来发展的战略高地，伴随着 PC 端购物的发展，网络购物所需的支撑和配套环节都已经成熟，移动端购物实现了跨越式的飞速发展。移动电子商务的快速发展源于电子商务发展的带动，同时，信息技术和人们思维方式和生活方式的改

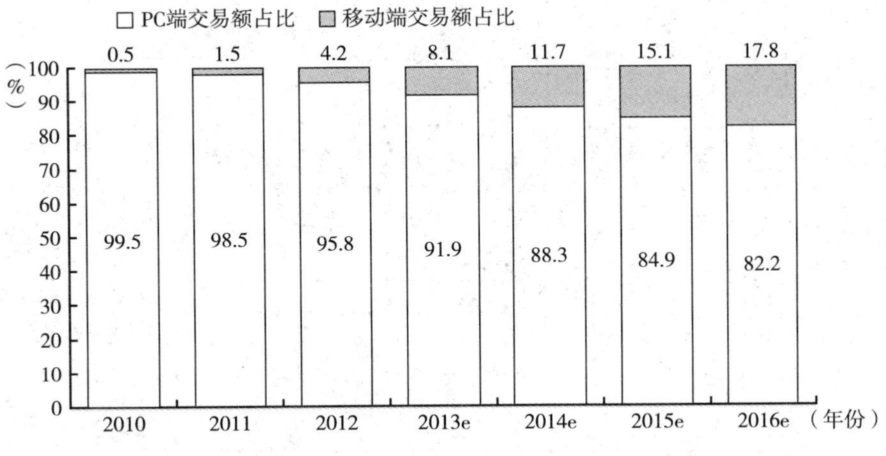

图 3　2010～2016 年中国网络购物 PC 端和移动端交易额占比

资料来源：《TOP1000 中国电子商务行业手册 2013》。

变也极大地推动了移动电子商务的发展。目前，物联网、数字玻璃、语音控制与识别、人脸识别等技术的不断成熟，将极大地挖掘移动电子商务的市场潜力。

2. 信息技术助力电子商务应用升级——物联网与云计算

信息技术是电子商务产业运行的重要支柱和发展动力。特别是物联网和云计算等信息技术的新发展，开拓了电子商务发展的新方向，推动了电子商务应用的不断升级。

物联网技术凭借其在自动化处理方面的天然优势，能有效地改善电子商务运营管理中存在的问题。云计算则开拓了电子商务产业的新方向和新产业运行模式。云计算会改变互联网的技术基础，甚至会影响整个产业的格局，可以大大提升电子商务产业的运行效率。2011 年，IBM 公司提出了电子商务云解决方案，如图 4 所示。

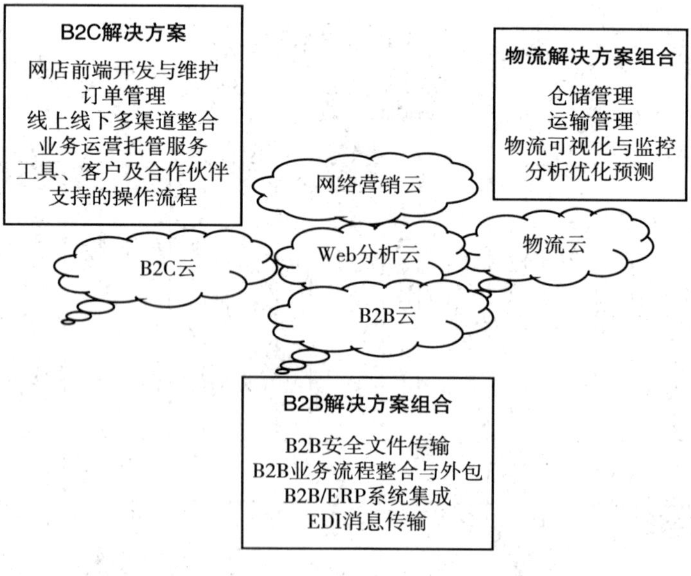

图 4　IBM 电子商务云解决方案

云计算可以大大降低电子商务的进入门槛，加速电子商务发展进程。企业可以更灵活地加入电子商务产业，产业投入可以随着业务的增长随需应变。云计算可以提高电子商务运行模式的效率，提高专业服务水平，共享社会化商业网络，便于拓展业务关系。云计算拓展了电子商务服务的新方向——传统软件的云计算化、社会网络的应用及应用层面的集成化和虚拟化。

B.6
电子商务产业竞争力研究

摘　要：

国家“十二五”规划把电子商务作为产业结构优化升级、转变区域经济发展方式的战略重点，明确提出要重点发展电子商务。电子商务产业已成为国内很多省份重点发展的战略性新兴产业。广东省电子商务产业发展迅速，其产业竞争力正在不断增强。

关键词：

电子商务　产业竞争力　影响因素

一　电子商务产业竞争力的影响因素

电子商务产业竞争力的影响因素主要包括产业链因素、相关产业支撑体系影响因素和外部支撑体系影响因素，具体指标见表1。

表1　电子商务产业竞争力的影响因素

因素	指标	说明
产业链因素	电子商务平台	分为独立型第三方电子商务平台及自营型电子商务平台
	网络消费者	电子商务活动的重要主体
	网络商家和服务提供商	产品和服务的提供者及电子商务活动的重要驱动者

续表

因素	指标	说明
相关产业支撑体系影响因素	第三方支付机构	电子商务得以实现和发展的重要支撑
	第三方物流企业	直接决定电子商务的服务水平及产品周转效率
	第三方 IT 企业	电子商务发展的重要支柱
	第三方营销企业	电子商务成功的重要手段
	认证机构	网络支付安全性的重要保障
	金融机构	主要包括银行和第三方支付企业
外部支撑体系影响因素	技术环境	电子商务产业发展的重要基础
	经济环境	区域电子商务产业发展的重要基础
	政策环境	需要政府出台相应政策予以引导、促进
	法律环境	为电子商务的参与者提供法律保障
	人才环境	直接影响区域电子商务产业的竞争力
	资本环境	决定区域电子商务产业竞争力的重要物质基础

资料来源：徐伟，《区域电子商务产业竞争力评价指标体系研究》，《产业与科技论坛》2012 年第 14 期。

二　电子商务产业竞争力分析模型

基于电子商务产业竞争力的影响因素，本文构建了电子商务产业竞争力分析模型。模型分为三个层次：电子商务产业竞争力的目标、电子商务产业竞争力的构成和电子商务产业竞争力的来源（见图 1）。

1. 电子商务产业竞争力的目标

在宏观层面上，电子商务产业竞争力的提升有利于促进传统产业的转型升级，有利于促进区域经济发展和人民生活水平的提高。在产业层面上，电子商务产业竞争力提升有利于产业利润水平和赢利能力的提升。艾瑞咨询数据显示，2012 年电子商务产业交易额占国内生产总值的 15.7%，相比于 2011 年的 13.5%，电子商务对

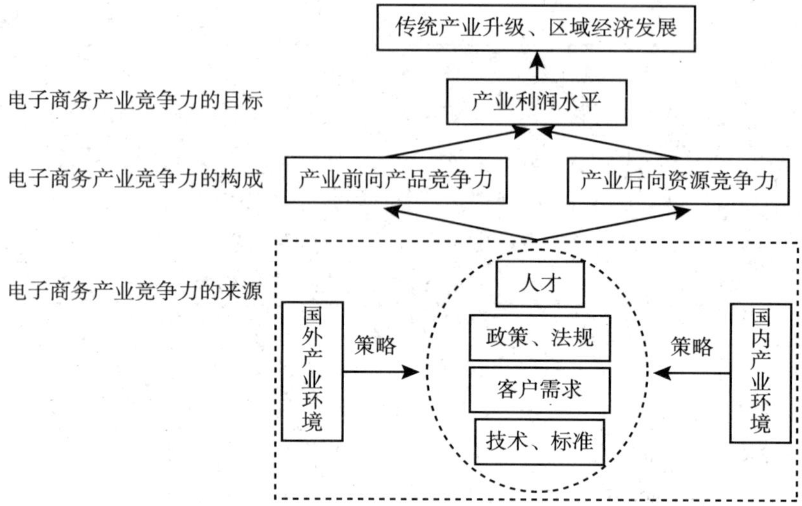

图 1　电子商务产业竞争力分析模型

经济的贡献度明显提高。

2. 电子商务产业竞争力的构成

电子商务产业竞争力由产业前向产品竞争力和产业后向资源竞争力构成。产业利润水平不仅取决于其产业前向产品竞争力，而且依赖于其产业后向资源竞争力。产业利润在产业链不同环节之间的分配依据各环节的竞争优势。因此，如果只注意一个方向的竞争力而忽视另一方向的竞争力，那么即使某产业在一个方向上获利，也会被另一方向的竞争劣势抵消。

3. 电子商务产业竞争力的来源

产业竞争力的大小取决于竞争双方的比较优势，而比较优势主要通过本地区产业与其他地区相关产业之间的比较势力与比较效率来体现。电子商务产业竞争力的比较势力来自完整的产业链条和支撑条件；电子商务产业竞争力的比较效率来自电子商务产业的企业战略和国家战略。

三 广东省电子商务产业竞争力分析

1. 广东省电子商务产业的目标

依据《广东省电子商务“十二五”发展规划》，到2015年，“全省电子商务交易额翻两番，突破3.2万亿元，网络购物占社会消费品零售总额的比例高于全国平均水平，企业网上采购和网上销售占采购和销售总额的比重超过60%和30%”，要争取一批电子商务企业进入全国百强，使年交易过百亿元的电子商务平台超过20个。①

届时，广东省电子商务产业将实现产业链的全面优化，电子商务产业规模将进一步扩大，销售规模和利润水平将全面提升。电子商务的全面发展也将推动广东省传统产业的转型升级，促进广东省经济发展实现新突破，为“加快转型升级、建设幸福广东”打下良好的基础。

2. 广东省电子商务产业竞争力的构成

（1）广东省电子商务产业前向产品竞争力

总体来看，广东省电子商务产业发展十分迅速，交易规模不断增大，2010年的交易规模为8000亿元；与此同时，大型企业的网络购销比重逐年上升，电子商务已经成为现代商品流通的重要手段和方式。据统计，2011年，广东省电子商务交易额达1.2万亿元，居全国第一，相当于全省GDP的22.8%；全省网络购物交易额约1200亿元，居全国第一，约占全国的1/7，占社会消费品零售总额的5.9%。2012年，广东省继续加大对电子商务的扶持力度，营造

① 广东省经济和信息化委员会：《广东省电子商务“十二五”发展规划》，2012年6月26日。

良好的电子商务发展环境，推动电子商务产业稳步增长，助力广东省产业升级。2012年，广东省电子信息产业完成增加值4531.1亿元，电子商务实现交易额约1.5万亿元，同比增长25%，广东省已成为全国第二大电子商务消费省。

（2）广东省电子商务产业后向资源竞争力

随着广东省信息化进程的不断推进，广东省拥有强大互联网和移动网络用户基础，依据2013年1月的《中国互联网发展报统计报告》数据，2011～2012年，广东省网民总数达6627万人，网民总数居全国第一，网络普及率达63.1%，位居全国第三。庞大的网民基础为广东省网络购物提供了强大的发展动力。艾瑞咨询发布的《2012～2013年中国网络购物用户行为研究报告》数据显示，广东省网络购物用户月度覆盖人数占比为12.2%，居全国首位。

3. 广东省电子商务产业竞争力的来源

（1）广东省完善的电子商务产业环境

随着全省大力扶持电子商务发展，广东省的电子商务产业环境日益完善。2003年2月，《广东省电子交易条例》正式实施，有效地保障了广东省电子商务的健康发展。2004年11月，广东省出台《关于进一步推进广东省企业信息化建设的指导意见》，加强了企业信息化和电子商务应用的政策支持。2005年9月，广东省电子商务认证有限公司和广东省数字证书认证中心有限公司获得当时信息产业部颁发的《电子认证服务许可证》。2004年11月，由省信息产业厅会同省工商管理局、省国家税务局、省地方税务局、省质量技术监督局、中国人民银行广州分行、海关总署广东分署七个部门共建的广东省企业信用信息网正式开通，有效地整合了全省190万个企业的信用信息资源，实现了省内跨地区、跨部门的企业信息公开和共享；经过“十五”与“十一五”的发展，广东省电子商务应用成效显著。

（2）广东省成熟的电子商务支撑体系

随着电子商务的迅速发展，广东省电子商务支撑体系不断完善，依据《广东省服务业发展“十二五”规划》，广东省将大力推进现代物流业的发展，将目标定位于建立社会化、专业化、信息化的现代物流服务体系，着力加快物流基础设施和网络建设，精心打造以珠三角为主体的便捷、高效的现代物流网络。广东省的物流业发展将强有力地支撑广东省电子商务产业发展。同时，广东大力推进现代金融业的发展，以建设金融改革创新综合试验区为核心，全面建设金融强省，加快金融业发展方式转变，建设城乡协调发展、具有广东特色的现代金融体系。这些举措将强有力地支撑广东省电子商务的支付环节。依据 2012 年中国获得第三方支付牌照的企业名录，广东省共有 19 家。2012 年，广东省快递业务收入完成 250 亿元，同比增长 40%，占全国快递业务收入的 24%，快递业务量完成 13.2 亿件，同比增长 53%。调研报告数据显示，从发展总量看，2012 年，广东跨境电子商务交易额达到 1.46 万亿元，同比增长 30%，占全国交易总额的七成。2013 年 1～5 月，仅广东邮政出口量就有约 1500 万件，日均出口约 10 万件。

地 区 篇

Reports on Regional Development

B.7

广州：联动、协同打造电子商务示范城市

摘 要：

作为华南最大的政治、经济和文化中心城市，广州拥有独特的区位优势——完善的电子商务产业支撑体系、发达的物流体系和信息基础设施，被评为国家电子商务示范城市，云埔电子商务园区被商务部认定为国家级电子商务示范基地，唯品会、环球市场等企业被商务部认定为国家电子商务示范企业。广州市政府积极出台政策扶持电子商务发展，形成了完备的电子商务产业体系。

关键词：

广州 电子商务 电子商务示范城市 创新

近年来，在商务部电子商务司、广东省经济和信息化委员会的大力支持和帮助下，广州市电子商务得到发展，特别是在工商业电子商务应用推广、产业发展和环境改善等方面取得了显著成效，广州被评为国家电子商务示范城市、国家移动电子商务试点示范城市，云埔电子商务园区被商务部认定为国家级电子商务示范基地，唯品会、环球市场等企业被商务部认定为国家电子商务示范企业。

一　广州市电子商务发展基本情况

一是电子商务总体发展水平位居前列。2012 年，广州市电子商务交易额超万亿元。其中，网络购物消费额近 300 亿元，在中国网络购物城市订单量排名中名列前茅。

二是电子商务应用程度不断深入。以创建国家电子商务示范城市为契机，大力推动电子商务应用，全市有七成以上的重点企业开展了不同程度的电子商务活动。

三是电子商务服务业发展提速。全市电子商务服务企业有 1800 多家，拥有唯品会、环球市场、欢聚时代、太平洋电脑等海外上市企业，有 17 家企业电子商务交易额超过 100 亿元。目前，全市电子商务服务年收入超过 150 亿元。广州作为华南地区电子商务运营服务中心地位凸显。

四是移动电子商务发展领先。作为国家移动电子商务试点示范城市，广州移动电子商务应用业务涉及 20 多个行业，培育了动景（UC）、久邦数码（3G 门户）等一批国内移动互联网发展的领先企业和知名品牌，在国内率先推出手机地铁票、手机一卡通、院线通等手机支付创新应用。

五是电子商务支撑体系日趋成熟。电子商务支付、现代物流、仓储技术、信用和认证等支撑服务体系不断完善。易票联、汇通宝（中经汇通）等7家企业获得第三方支付牌照，电子商务安全认证机构数量占全省的2/3。

六是电子商务发展环境不断优化。基础设施进一步完善，广州市黄埔、荔湾等区新建设或提升发展了一批各具特色的电子商务集聚区。政策环境进一步优化，2013年市政府出台《关于加快电子商务发展的实施方案（试行）》。

虽然广州电子商务发展居于全国领先地位，但仍在龙头企业培育、发展环境、支撑体系配套建设、传统产业与电子商务融合发展能力、电子商务的“广州城市品牌”效应等方面有待提升。

二　市区联动、部门协同，合力推进电子商务实现跨越式发展

1. 颁布实施电子商务专项扶持政策

由广州市经贸部门牵头，会同科信、发改、财政等部门制定《关于加快电子商务发展的实施方案（试行）》，并从2013年起连续5年，市财政每年投入5亿元（共25亿元）扶持电子商务发展，通过加大政府财政投入，进一步完善电子商务配套支撑体系，强化电子商务人才培养引进机制，优化电子商务发展环境。通过认定一批电子商务示范企业，培育壮大电子商务经营主体，支持电子商务平台在工商领域的推广应用。通过支持电子商务企业的融资上市和服务外包业务，不断加强国际化交流和合作，进一步提高广州市电子商务国际化水平。以多管齐下的方式，营造良好发展环境，着力满足企业发展诉求。

2. 加大电子商务应用推广力度

市、区各有关部门联动，大力推进电子商务集聚区建设、龙头电商企业培育和深化工商业电子商务应用等工作，为成长性好、带动性强的电子商务集聚区和企业提供优质服务，培育、打造一批示范企业。在商贸业物流方面，以茶叶、鞋、服装、IT 数码、布匹、皮革皮具、汽配等专业市场为实体依托，推动第三方电子商务平台建设，引导商户开展在线洽谈、网上贸易，推进商品交付与物流配送标准化、交易透明化和监管规范化。在制造业物流方面，推动汽车、家电、化工等企业供应链一体化电子商务应用，构建采、产、供协同的电子商务信息平台。

3. 培育龙头企业和示范平台

制定示范企业评价标准，实施“电子商务示范工程”，筛选一批全国电子商务排名靠前的企业开展示范试点培育，实行“一企一策”重点服务。同时，积极开展商贸流通领域电子商务应用和公共服务平台建设，组织开展国家电子商务示范基地申报，以及国家级、省级电子商务示范企业申报推荐工作。其中，黄埔区“云埔电子商务园区”被商务部认定为首批国家电子商务示范基地；黄埔区、荔湾区电子商务集聚区被广东省经济和信息化委员会认定为省市共建战略性新兴产业基地；广东塑交所、华新商贸、环球市场、唯品会等 13 家企业被认定为 2012 年广东省首批电子商务示范企业；唯品会、梦芭莎、汽车用品网、环球市场、中经汇通等 5 家企业被商务部认定为 2013 ~ 2014 年度电子商务示范企业。

4. 组织中小企业与电子商务平台开展线上线下对接

召开中小企业与电子商务平台对接会。有针对性地通过认证推展型（B2B）、物流信息服务型（O2O）和商品网购型（包括移动互联网模式的 B2C)，以及专业市场交易服务型（O2O）等电子商务平台，提供一个专业电子商务平台向中小企业推介服务的机会，搭建起中小制造业企业与电子商务平台的常态化沟通机制。6 家主要电子商务平台、100 余家中小企业的 200 余名代表出席会议，对接活动取得了较好的成果。

5. 加大电子商务宣传推广

市经贸委积极联合市委宣传部将“电子商务发展”作为“推进新型城市化发展”系列报道的重要专题之一，在《广州日报》《穗府专刊》连续大篇幅刊发反映广州市加快发展电子商务、创新电子商务发展模式和全面建设“网络商都”等主题的稿件，广泛报道了电子商务发展的新模式、新经验。

6. 组织申报一批电子商务第三方支付平台

网上支付一直是制约电子商务发展的瓶颈。根据市主要领导的指示，按照《非金融机构支付服务管理办法》要求，经贸、金融等部门联合征集了唯品会、林安物流、环球市场、梦芭莎、太平洋电脑等 25 家具有行业影响力和良好发展前景的电子商务企业申办第三方支付牌照。并在分管市领导的带领下，向中国人民银行有关部门汇报全市企业申办工作情况，指导企业按相关文件要求积极开展申办工作。2012 年，新增汇通宝（中经汇通）、汇卡商务两家企业获得第三方支付牌照。

7. 成立广州电子商务行业协会

行业协会是电子商务企业和政府之间的桥梁和纽带。根据成立行业协会的有关规定，召集唯品会、环球市场、梦芭莎、中经汇通等企业，研究确定了多家发起单位，成立协会筹备工作组，并于 4 月 28 日召开成立大会，广州市市长陈建华、广东省经济和信息化委员会巡视员戚真理等领导出席大会。

8. 精心组织“广货网上行”活动

借助“网上广交会”、名优产品电子商务网、网货交易会等平台和传统商业优势，积极推动“广货网上行”。引导发动企业参与“广货网上行”活动的“十百千万”工程（十家电子商务平台、百家网上商城、千家广货网店、万家企业），并大力推动网络消费，广州市共有209家企业被广东省认定为电子商务平台、网上商城和广货网店，居全省首位。

B.8
深圳：打造多元化电商产业，完善产业支撑体系

摘　要：

作为改革开放首批对外开放的特区城市，深圳经过30多年的发展，取得了举世瞩目的成就。近年来，深圳电子商务产业发展十分迅速，2012年电子商务交易额达到6297亿元，同比增长57%，市场主体数量稳步增长，市场结构日趋多元化，电子商务服务趋向专业化。

关键词：

深圳　电子商务　多元化　创新

一　深圳电子商务发展基本情况

1. 电子商务交易份额稳步提升

据统计，2011年深圳市电子商务交易额约为3996亿元，2012年达到6297亿元，同比增长58%，增长率超过全国30.8%的平均水平，占全国电子商务交易额的7.8%左右。2012年，深圳社会消费品零售总额达4008亿元，其中，网络购物金额约为516亿元，占全市社会消费品零售品总额的13%。

2. 电子商务参与主体逐年递增

根据市场监督管理局2010年企业年检数据（2011年企业年检数据统计结果尚未出来），深圳共有电子商务企业3700余家，其

中，电子商务应用企业3230余家、电子商务服务企业470多家，有半数以上的深圳企业通过各类网站开展电子商务业务。从网购交易金额上看，深圳在国内位居上海、北京之后，名列第三，占淘宝网总体消费的3.23%，网络购物已成为深圳网民的重要网络费用支出项目。深圳已成为名副其实的全国性电子商务核心零售城市。

3. 电子商务市场结构呈多元化

从业务结构上看，深圳市电子商务仍然以B2B市场为主，2010年度B2B市场交易额为1700亿元，占总体市场的80.95%，B2C和C2C市场份额相差不大，交易额分别为180亿元和220亿元，分别占8.57%和10.48%。从行业结构上看，2011年度，深圳电子商务的B2C和C2C市场主要集中在本土电子商务发展较好的行业，其中，票务卡费是最主要的交易类型，比例为20%左右，其次是服装、3C数码、珠宝、个人护理、图书、食品等。

4. 电子商务区域分布多点开花

总体来看，深圳电子商务产业的区域结构以福田、罗湖、南山等区为核心，以福田中心商务区、罗湖商务中心区、南山大学城、福田国际电子商务产业园、深圳市互联网产业园、南山区蛇口网谷、宝安互联网产业基地、华南城（深圳）电子商务产业园为支撑，形成了别具特色的区域电子商务产业园。当前，深圳的电子商务园区总建筑面积达187.6万平方米，有超过1000家互联网企业入驻，从业人员约有80万人。

二　主要特点和影响

1. 电子商务成为深圳互联网产业中发展最强劲的领域

得益于深圳雄厚的产业基础及强劲的消费能力，一批商业模式新颖、发展潜力巨大、发展态势良好、具有核心技术的电子商务企业茁壮成长，日益壮大。涌现出了一批覆盖行业齐全、商业模式新颖的电子商务企业，显示出勃勃生机。

在跨境电子商务领域，深圳递四方公司是目前中国最专业的跨国电子商务物流供应商，该公司联合 Google、Paypal 等提供的综合服务，几乎涵盖了外贸电子商务的全部环节，2011 年公司总收入约 12 亿元。一达通公司是国内第一家结合专业进出口代理和电子商务功能于一体的中小企业进出口环节外包服务提供商，公司建立了国内第一家面向中小企业的进出口流程外包服务平台，通过互联网（IE + IT）一站式功能，为中小企业和个人提供通关、物流、外汇，退税、金融等所有进出口环节服务，改变了传统外贸经营模式，集约了分散的外贸服务资源。

在互联网金融服务领域，众禄投资为中国证监会基金业务创新试点单位，该公司率先将“基金超市”的理念引入中国。2012 年 2 月，该公司成为中国证监会批准的首批四家独立基金销售机构之一。

在商旅服务领域，以航空客运销售代理、酒店预订、商旅管理等服务为主的腾邦国际成功登陆创业板，成为国内首家“在线商旅”概念的 A 股上市公司。目的地旅游服务是芒果网 2012 年重点开拓的业务，新上线的“酒店在线预订”服务使预付酒店产品资源得到了共享，打破了在线分销领域个别企业一家独大的垄断局面。

在文化艺术领域，在国内艺术界独占鳌头的雅昌艺术网将互联网应用推广到艺术服务领域，全面为艺术家、艺术市场、艺术相关企业服务，将艺术品库、艺术品画廊黄页、艺术品拍卖平台及艺术家服务系统合为一体，形成全面的服务优势，已拥有 50 万名专业会员的雅昌艺术网几乎垄断了国内艺术品的资源。

在电子信息领域，以打造中国电子工程设计第一网为目标的中电网采取了以专注于从技术方案入手的主动式销售模式，用“走技术路线”的方式实现了行业的差异化竞争。尤其是其面向电子工程技术人员而设计的以“eDesign-in”为特色服务的电子商务系统，具有独特的创新模式，成为最受电子技术研发人员欢迎的互联网平台。而坐落于深圳华强北商业区的华强电子网依托于华强电子世界专业市场商户的优势，经过近十年的发展，打造出了以代理、原厂为供应商的第三方元器件贸易平台，成为中国最大的电子元器件 B2B 互联网第三方服务平台。目前，该网站日访问量突破 75 万人次，注册用户逾 100 万，遍及 200 余个国家和地区，这个庞大的电子元器件供需群体及国际化辐射能力遥遥领先于同行。

2. 为传统产业发展注入新活力

深圳市越来越多的传统企业已经认识到互联网的重要作用，纷纷涉足互联网和电子商务，主动应用电子信息技术提升企业的经营管理水平和竞争力。例如，在珠宝钻石销售领域，一批拥有自主品牌产品的电子商务企业不断涌现，其中，比较有影响力的企业有戴维尼、柯兰钻石、佐卡伊、欧宝丽、爱度珠宝和彼爱钻石等。继好百年、天虹商场等传统的零售企业涉足电子商务领域之后，2011 年，万科地产、太太药业、海王星辰、富安娜等制造企业也纷纷自建网站，或者在第三方电子商务平台开店，进军电子商务领域。百丽、飞亚达等一批中国行业龙头企业纷纷涉足电子商务，发展势头良好。

3. 城市自主创新能力不断增强

经过几年的努力，包括腾讯、迅雷等一批深圳电子商务重点企业在互联网前沿技术领域拥有了完善的自主知识产权体系，有效地提升了深圳的自主创新能力。据相关统计，截至2010年，腾讯已申请专利3358项，除3项外观专利、7项实用新型专利外，其余都是发明专利，所占比例超过99%。迅雷累计申请专利112项，目前已获得12项专利授权以及13项软件著作权。融创天下累计申请发明专利130项，其中涵盖了国际发明专利23项，已形成以移动极低带宽下的编解码技术（TIVC）、移动数据传输保障技术（TQOS）及移动云计算中间件平台（MCM）为核心的三大技术体系。而从传统珠宝行业进入电子商务领域的爱度珠宝，申请获批的发明专利“指纹钻戒”成为其在电子商务领域快速发展的核心竞争力。

三　政策措施

1. 市政府高度重视，制订产业发展规划，设立专项资金，创建电子商务示范城市

深圳市政府高度重视互联网（电子商务）产业的发展，将互联网产业作为战略性新兴产业。2009年，深圳出台了《深圳互联网产业振兴发展规划（2009～2015年）》和《深圳互联网产业振兴发展政策》，将电子商务列入互联网产业优先发展的重点领域，并每年安排5亿元的财政专项资金，连续7年用于支持互联网和电子商务发展。

与此同时，2009年9月，国家发改委和商务部正式批准深圳市为国内首个国家电子商务示范城市。2012年10月17日，深圳市政府又审议并原则通过了《深圳市电子商务创新发展行动计划》，制订了七项行动方案，出台了五项保障措施。

2010年以来，深圳市已投入财政专项资金超过17亿元扶持互联网电子商务企业发展，共资助了上千个互联网和电子商务项目。

在多重政策的推动下，2012 年，深圳互联网产业规模达到 805 亿元，增长 46%，互联网重点企业贡献税收约 65 亿元。

2. 信息化基础设施日趋完善，为产业发展提供保障

深圳是我国互联网发展的领先城市之一，2010 年，深圳云计算中心成立并正式运营。深圳还是国家首批“三网融合”试点城市，2011 年，深圳市互联网产业收入突破 550 亿元，全市网民规模超过 700 万人，互联网人口普及率约为 68.5%，固网互联网宽带用户达 280 万户，移动互联网宽带用户达 152 万户，家庭宽带普及率约 69%；移动电话用户数达 1966 万户，移动电话饱和率达 149%。目前，国标地面数字电视单频网（DTMB）和移动多媒体广播电视网（CMMB）已投入运行；2G 移动网络国际领先，3G 移动网络基本覆盖全市；光纤到大楼的比例超过 60%，光纤到户数超过 5 万户，处于国内先进水平；无线宽带网建设得到快速发展，人口密集地区无线网络覆盖率达到 100%；“光网城市”建设不断推进，全市范围内的互联网宽带提速，仅深圳电信的 12M 宽带接入能力就已超过 80%。

3. 电子商务支撑体系建设日趋成熟

一是具有较强大的物流配送体系。深圳现代物流业目前在全国的发展中处在领先地位，第三方物流、配送中心正在兴起，一批传统仓储、运输企业利用深圳立体化的交通条件以及信息化、网络化和供应链技术大力发展第三方物流，向现代物流企业转型。据统计，2010 年深圳物流业增加值已经达 926.3 亿元，同比增长 15.02%，占深圳 GDP 的 9.74%；截至 2010 年底，深圳共有物流企业 14800 多家，从业人员超过 100 万人，年营业额超过 1 亿元以上的企业就有近百家。深圳已成为国际、国内公认的物流产业领先城市和亚太地区重要的物流枢纽城市，深圳物流企业独创的供应链管理模式成为全国物流产业转型升级的一面旗帜。

二是重视电子认证和信用体系建设。深圳已有5家电子认证服务的机构，主要应用于政府的行政审批、管理和公共服务。企业信用信息征集、评估、披露等已纳入法制轨道。深圳在净化电子商务交易环境方面率先尝试，首推“电子商务可信任交易环境”建设，从而达到规范交易主体、交易客体、交易平台经营行为的目的。

三是电子商务支付体系较为完善。在传统网上支付体系方面，深圳是我国各大城市当中网上支付应用推广较快的城市之一，中国第二大第三方支付平台财付通是深圳市支付平台的代表，目前在整个中国的在线交易平台市场中拥有23.1%的市场份额。此外，深圳快付通、深圳银盛电子支付、深圳壹卡会等共13家企业也列入中国人民银行公布的第三方支付平台企业名单。在移动支付体系方面，深圳并非移动电子商务的试点城市，但从当前移动电子商务的发展情况看，各大运营商都将移动支付作为其重点业务予以推广。深圳移动在全市范围启动基于RFID－SIM技术的多个移动电子商务手机支付应用。深圳联通主要与工行联手在深圳进行手机现场支付试点工作，将金融IC卡集成到SIM卡中，通过银行PBOC电子现金标准来实现，是手机现场支付的主流解决方案。深圳电信通过天翼手机集成支付功能，借助IPv6的互联网技术，用集成RFID－UIM功能的手机便可进行近场支付。目前，天翼移动支付可提供手机订购电子电影票，缴纳电信、水电煤公用事业账单，及充值等服务。除了运营商之外，深圳本地的商业银行也借助自身在支付和计算方面的优势，开展多样化的移动电子商务跨行业合作。

4. 深圳电子商务标准体系基本框架初步形成

围绕电子商务主体、产品、交易、信用及纠纷处理五个电子商务基本要素，已形成了电子商务标准体系基本框架。同时，在此基础上制定了《电子商务可信交易生态圈基础规范》《电子商务主体身份认证流程》《电子商务主体通用元数据》《电子商务产品通用元数据》等12项联盟标准，为电子商务可信交易环境建设奠定了良好基础。

5. 营造良好的产业发展环境

除营造产业政策环境外，还注重营造良好的产业营商环境、人才环境、公共服务环境。2011年，市场监督管理局出台了《深圳市市场监督管理局关于服务电子商务市场促进健康快速发展的若干措施》（深市监规〔2010〕11号）和《关于落实〈深圳市市场监督管理局关于服务我市电子商务市场健康快速发展的若干措施〉有关登记注册问题的实施意见》，创新电子商务类企业的注册登记制度，降低市场准入门槛，放宽经营范围核准，在国内率先允许电子商务企业无经营地址登记注册。

2011年初，启动《电子商务大讲堂》，开展电子商务领域的政策宣传、产业培育、应用示范、人才培训、交流合作和市场拓展等一系列活动，目前已成功举办过三次（中国）深圳电子商务高峰论坛和数十次讲座、培训、沙龙等活动；《电子商务大讲堂》已成为电子商务培育和普及应用的公共服务平台，享誉珠三角乃至全国。

6. 建设深圳商品网上市场

搭建“深商e天下”——深圳商品网上市场。结合深圳基础和特点，以及深圳的产业优势，由深圳报业集团牵头，联合第三方电子商务交易平台、电子商务服务企业、网上商城、网店、电子商务公共服务机构和传统企业六大类电子商务市场主体，以参与“广货网上行”活动的深圳市场主体企业为基础，打造一个覆盖深圳电子商务全产业链的公共展示平台和交易平台，建设一个“诚信优质、永不落幕”的深圳商品展销会，推动深圳商品走向国内外市场，扩大内销与外销规模，将深圳打造成具有全球竞争力的电子商务城市。

7. 调查研究，完善电子商务产业政策

结合广东省“促消费、扩内需、调结构、稳增长”的政策方向，推动深圳电子商务产业发展政策进一步深化。梳理深圳市相关部门及国内兄弟城市的电子商务扶持政策，结合深圳电子商务产业发展特点，研究起草《关于进一步促进电子商务发展的若干措施（送审稿）》，力求突破《深圳互联网产业振兴发展政策》中涉及电子商务发展的现行政策，加大对电子商务全产业链的扶持力度，加快促进电子商务发展。

B.9

东莞：大力发展电子商务，助力制造业转型升级

摘　要：

经过30多年的粗放型经济发展，东莞已进入产业结构调整升级的关键时期，发展电子商务是推动产业转型升级的重要举措。东莞具有坚实的制造业基础和人文环境。东莞电子商务产业健康发展，产业环境不断优化，截至2012年底，全市电子商务交易额超过1800亿元，较上年增长20%。东莞电子商务应用推广不断深入，电子商务已经成为推动东莞新一轮经济结构调整和经济发展的强大动力。

关键词：

东莞　电子商务　制造业　转型升级

一　东莞市电子商务发展的基本情况

近年来，东莞电子商务在工业化与信息化融合的大背景下开始加速发展，应用的覆盖面和渗透率稳步提升，在突破流通渠道制约、促进产业转型升级、提高经济运行质量、实现经济平稳健康发展方面发挥了一定作用。

1. 电子商务规模快速增长

截至2012年底，全市电子商务交易额超过1800亿元，较上年

增长20%。不断涌现出一批本土品牌，如东邮网、广货商城、唯特尔、易批发、东莞市国际商贸平台、易通商城、以纯官方网、亲亲我、中域商城、洛贝、卓博网、智通人才网、阳光网、富民时装网、易动时尚、115网盘等本土电子商务网站，不但涵盖现有的B2C、B2B、C2C、O2O（online to offline）等多种电子商务模式，而且在细分领域进行差异化发展。

2. 电子商务应用稳步提升

截至2012年底，东莞市场主体总计超过30万家，应用电子商务的企业和个体工商户总数超过6.2万家，电子商务普及率提升至20.7%；企业网站数超过4万个，其中具备电子商务功能（包括用户注册、商品浏览、商品选购下订单、网上支付、商品配送地址及时间等）的网站接近2000个，同比增长17.6%。一批传统制造业企业、传统商贸业企业和传统专业市场应用电子商务后，在降低成本、拓宽购销渠道、提高产业组织效率和创新生产经营模式等方面已经取得显著成效。

3. 信息基础设施不断完善

截至2012年底，全市无线宽带覆盖率达86.4%，位居全省第一；电话交换机总容量达364万门，移动电话网络容量达1949万门，互联网用户达209.59万户（累计增长9.9%），全市信息网络基础设施和网民数量初具规模，为接下来全市电子商务发展夯实了基础。

4. 电子商务支撑体系不断强化

2012年，东莞电子商务服务企业超过2000家。其中，从事网站托管、网站建设美工、应用软件开发等电子商务技术基础服务的企业超过1500家，物流服务企业300多家，金融服务、支付服务及信用服务企业150余家，咨询、教育、培训电子商务服务机构及企业80余家，服务环节体系构建较为完整。

5. 区域支柱和特色行业电子商务初具规模

市内虎门、厚街、大朗和樟木头等镇街，依托区域支柱和特色产业，已打造出具有明显区域特色的电子商务。虎门镇以服装产业为重点，大力发展服装行业电子商务；厚街镇以家具及鞋业为重点，大力发展家具及鞋业行业电子商务；大朗镇以电子商务为手段，引导毛织产业链条整体升级；樟木头镇以塑料产业为重点，大力发展塑料制品电子商务，有效推动产业集聚发展，已经取得初步成效。

6. 深入开展“广货网上行”

从2012年9月至2013年春节前，东莞市启动了“2012莞货网上行暨广货网上行（东莞）”活动。活动期间，东莞市有60多家电商、500多家制造企业积极申报参加活动，其中通过审核纳入省“广货网上行”的活动主体有315家（电子商务平台4家、网店8家、网上商城1家、制造企业302家），并推动了2000多家传统制造企业“触网”，从而通过“广货网上行”这个大平台，帮助东莞企业达到“莞通天下，货进万家”。

二　主要措施

1. 高度重视，政策先行

早在2009年，东莞市就出台了一系列电子商务扶持政策，如东府〔2006〕56号、东外经贸〔2009〕77号和东府办〔2010〕105号等文件。其中，2010年出台的《东莞市中小企业（内贸）电子商务应用专项资金管理暂行办法（试行）》（东府办〔2010〕105号，以下简称《暂行办法》）由市财政安排1500万元专项资金，通过向已经认定的电子商务公共服务平台购买基本服务的方式，支持全市5000家中小企业应用电子商务服务，同时间接地支持了东莞市电子商务公共服务平台建设。

目前，《暂行办法》已于2011年12月31日到期。为继续引导和扶持东莞市电子商务进一步发展，东莞市已于2013年8月出台了《东莞市电子商务发展规划（2013～2015年）》和《关于加快推动电子商务发展的实施意见》，其中已决定连续三年每年拿出1.5亿元来推动电子商务发展，并将出台相关的扶持细则，其力度之大，可以说位居全省前列。

2. 强调应用，双轮提升

众所周知，东莞市产业门类众多，尤其制造业比较强，但在营销上薄弱了一些，存在短板。然而，电子商务为东莞市带来了机遇，是一个可以把东莞市制造业推向高价值环节、实现转型升级的重大机遇。利用电子商务高效、便捷、占用资金少的特点，东莞市一大批企业正在进一步建立自己的网上渠道和品牌，弥补销售短板，在快速打开内销市场上实现了弯道超越；另外，还与制造环节相互促进，形成“双轮驱动”，打响“莞货”品牌，推动企业向产业价值链更高的环节延伸，从而加快了全市传统产业的转型升级。

3. 扶优扶强，形成集聚

为大力发展电子商务，东莞市积极创建电子商务示范基地和企业。2011年，东莞市广东盛世商朝网络科技有限公司荣获商务部“电子商务示范企业”称号；2012年，东莞市中大科教网络科技有限公司和广东盛世商朝网络科技有限公司荣获广东省“电子商务示范企业”称号。为切实推动东莞市电子商务更快更好发展，树立更多的东莞市电子商务典型，东莞市于2013年开展市级电子商务评选活动。此外，东莞市将构建“三中心、多基点”电子商务服务体系产业布局（三中心，即南城、松山湖、生态园；多基点，即常平、石龙、虎门港、长安等镇街），并结合虎门、大朗、厚街、樟木头等专业镇街特色布局电子商务行业应用，在望洪枢纽新城及周边区域打造全市电子商务发展新高地。

4. 注重宣传，深化共识

为营造良好的电子商务应用氛围、鼓励企业参与电子商务活动，近年来，东莞市开展了一系列电子商务宣传推广活动。其中，东莞市经济和信息化局在2012年先后举办了“2012年广货网上行（东莞）”“东莞市制造企业应用电子商务推广会”“2012聚焦营销新动力——百度营销中国行”“东莞市电子商务项目投融资高峰论坛”等30多场活动，推动千家企业“触网”，不但普及了电子商务知识，而且在一定程度上营造了良好的电子商务应用氛围。接下来，东莞将举办类型多样的座谈会、电商沙龙、电商讲座等活动，逐步让电子商务走入传统企业，推动其转型升级，营造政府、企业以及社会各界共同参与、各尽所能推动电子商务发展的良好氛围。

B.10

珠海：政策扶持企业"触电"，推动电子商务产业集群

摘　要：

作为中国的经济特区，珠海市是外商投资的热点地区之一，已有52个国家和地区的客商投资珠海，外商投资项目达7303项。良好的投融资环境为珠海市电子商务发展奠定了良好基础，珠海市电子商务发展环境逐步优化，电子商务平台、网上商城、网店的开设如雨后春笋，不断涌现，"上网触电"企业成倍增长。

关键词：

珠海　电子商务　网商　产业园

一　珠海市电子商务发展现状

近年来，珠海市电子商务发展环境逐步优化，电商平台、网上商城、网店的开设如雨后春笋不断涌现，"上网触电"企业成倍增长。

企业营销方面，珠海市在阿里巴巴B2B电子商务平台注册会员总计3.65万家，其中，已购买电商服务的企业1530家，约占4.19%。其中，外贸企业利用B2B平台开拓国内外市场的积极性较高，并取得了一定成效。据统计，珠海市987家企业利用电子商

务平台实现成交额24亿美元。

消费者零售方面，珠海市在淘宝平台共有1679家网络零售商，其中在淘宝商城（天猫）开设官方旗舰店的企业有141家，涌现出罗西尼手表、智迪键盘、威斯曼服饰等一批有影响力的网络商家。例如，罗西尼手表在天猫珠宝、首饰类商家中排名前十，在手表类商家中排名第一。

阿里巴巴研究中心发布的《2011年网商发展指数报告》和《2011年广东省零售网商发展指数报告》数据显示，珠海市网商发展指数在全国排第48位，居全省第7位（前6位分别是广州、深圳、东莞、佛山、中山、汕头），零售网商发展指数居全省第4位（前3位分别是广州、深圳、东莞）。在广东省科学发展观考核中，2011年珠海市每百人网上购物人数达32.81人，居全省第3位。

二　开展的主要工作

一是制定电子商务发展政策。出台《珠海市加快发展电子商务的若干政策》，通过培育壮大电子商务经营主体、普及和深化电子商务应用、完善电子商务发展支持体系、推动电子商务产业集聚发展等措施，优化珠海市电子商务发展环境。

二是积极开展“广货网上行”活动。2012年，在“广货网上行”活动中，珠海企业共有30家上榜（其中“十家平台”1家，“百家商城”3家，“千家网店”26家），在全省各地级市中名列前茅。根据《珠海市加快发展电子商务的若干政策》，配套市级资金，鼓励企业积极参与“广货网上行”活动，对珠海市列入广东省“广货网上行”活动“十家平台”“百家商城”和“千家网店”的企业，分别按50万元、5万元和1万元给予一次性奖励。在广东省关于“广货网上行”工作情况的通报中，珠海市整体工作和量化指标得到了全省的肯定和赞扬。

三是评选市级电子商务示范企业。2012 年，评选出珠海市电子商务应用示范企业 10 家，落实电子商务示范企业奖励资金 100 万元。

四是推动海纳城电子商务产业园建设。该项目总投资近 10 亿元，总建筑面积达 22 万平方米，集线上主流平台服务入驻、服务配套、交易集聚、创业就业、数据监控、网商孵化、交易集聚、基础人才培养、服务孵化等功能于一体。预计主体大楼 2014 年 5 月投入使用。

五是扩大宣传力度。邀请阿里巴巴、淘宝等多家电商企业到珠海市推介宣传，300 多家中小企业共同参与交流互动；开展“广货网上行”电子商务系列报道 12 期。

B.11

顺德：完善支撑产业，引领电子商务产业健康发展

摘　要：

顺德区电子商务发展规模逐步壮大，与其他产业特别是优势传统产业的融合加快，骨干企业不断涌现，产业集群已具雏形，有效助推了经济结构调整。顺德区将不断推动电子商务支撑产业体系建设，完善产业政策，深入开展实地调研，加强政企共同与合作，不断推进电子商务生态产业链建设，引领电子商务产业的健康发展。

关键词：

顺德　示范企业　创新　电子商务

电子商务是以信息技术创新流通模式形成的现代流通新业态，加速电商化是传统制造业转型发展的必然趋势，是提升经济运行质量和增强区域竞争力的重要途径。近年来，顺德区认真贯彻落实《国务院关于深化流通体制改革加快流通产业发展的意见》（国发〔2012〕39 号）和《广东省人民政府办公厅关于加快发展电子商务的意见》（粤府办〔2012〕131 号），通过政府引导、市场运作、环境营造、示范带动，多措并举推动顺德区电子商务快速发展，电子商务发展规模逐步壮大，与其他产业特别是优势传统产业的融合加快，骨干企业不断涌现，产业集群已具

雏形，有效助推了经济结构调整。现将顺德区电子商务发展情况简要报告如下。

一　主要工作情况

1. 开展专题调研

2012 年 6 月，顺德区开展了全区电子商务发展情况专题调研，广泛走访有关企业，比较全面地掌握和总结了顺德区近年来电子商务发展的基本状况，形成了《顺德区电子商务发展情况调研报告》，提出顺德区加快发展电子商务的思路和建议，并将调研报告上报区政府。主要区领导对该报告予以高度重视，并做出优化发展环境、出台专项规划、研究制定政策、深化电商应用等批示。

2. 积极落实“广货网上行”工作

2012 年 8 月，为增强消费对经济增长的拉动力、把广东省打造成电子商务强省，广东省委、省政府启动“广货网上行”活动。顺德区高度重视“广货网上行”活动的重要意义，迅速建立起区镇联动、政企互动的工作架构，制定具体工作方案，积极参与“十百千万”工程，组织推荐顺德优质企业参与活动，同时策划开展有顺德特色的创新活动，取得显著成效。顺德区组织参与活动的企业数量在全省名列前茅。

3. 认定了一批示范企业

为更好地发挥电子商务骨干企业的示范效应，顺德区在 2012 年 9 月和 2013 年 7 月分别组织开展了顺德区电子商务示范企业申报认定工作，按照电子商务平台、网上商城、网店、应用企业、服务企业五类，分别评选出第一批 34 家、第二批 23 家示范企业。

4. 开展电商对接和创新活动

为在网络突出宣传顺德区域品牌，2012年9月10～18日，顺德区组织美的、格兰仕、盛熙电器（贝尔莱德）、SKG（艾诗凯奇）、东菱、小熊等12家顺德知名家电厂商，联合在京东商城举办了第一届顺德网上家电展，通过建立统一的网上展厅，统一顺德家电整体形象，集体开展促销活动，在网购淡季短短几天实现3000多万元网上销售，成功协助区内企业抱团开拓电商市场。此外，顺德还举办了多场传统制造业与电商服务企业、国内大型网购平台的对接会，推动区内制造企业加快“上网触电”，积极利用网络营销手段拓展国内外市场。

5. 推动成立区电子商务协会

为加强区内电商企业之间的联系、整合行业资源、实现抱团发展，顺德区积极推动成立顺德区电子商务协会。协会自2012年10月成立以来，举办了一系列政策宣讲会、沙龙和参观学习等活动，促成电商之间的交流和经验分享；在京东、淘宝等平台上整体宣传顺德产品和品牌，举办了各类网络促销活动；开展校企合作，与顺德职业技术学院、胡锦超职业技术学校等院校合作，为顺德电商定向培养人才，打造实战型的电商人才输送体系；召开银企对接，接洽顺德农商行等金融机构，有针对性地开发适合顺德电商企业的融资产品，为电商解决融资难问题；协助政府开展调研，配合落实“广货网上行”等工作。

二　顺德区电子商务发展的阶段性成果

1. 电子商务发展规模较大

根据调研，顺德全区所有镇（街）辖区内都有不少企业涉及电子商务，涵盖家电、电子信息、家具、纺织服装、机械装备、包装印刷和汽车配件七大支柱产业和花卉等现代农业。据初步统计，2012年，全区电子商务交易额约为450亿元（其中B2C约55亿元，内贸B2B约370亿元，外贸B2B约25亿元），区内参与网购的消费者超过60万人，网购渗透率约40%。根据淘宝、京东等几大网络购物平台获得的数据推算，顺德区市民2012年网络购物金额超过20亿元，同比增长达30%。

2. 电子商务应用成效显著

目前，顺德从事B2C和C2C交易的网商超过2500家，主要销售产品为家电、家具、鞋、服装、玩具、电子产品等。其中，由传统制造企业自营开展线上销售的约250家，包括美的、格兰仕、东菱、万和等家电企业，其余多为专业从事代理销售服务的电商企业或个人创业者，如小冰火人、飞鱼、九鼎等。另外，顺德还有十多个电子商务交易平台，如欧浦钢网、易发塑料网、乐百购家具网、花卉世界网、兰花交易网、圣托酒店用品网、均安牛仔商城等。欧浦钢铁和小冰火人被认定为2012年广东省电子商务示范企业。2012年，顺德区入选“广货网上行”前三批的商城类、网店类企业有70家，数量在全省地级市（区）中排第2位。

3. 电子商务骨干企业不断涌现

顺德区内电子商务产业无论在后台服务、人才培养、物流配送，还是B2B、B2C、C2C各产业链，均涌出初具规模的骨干企业，详见表1。

欧浦钢铁物流股份有限公司的欧浦钢网在华南地区的知名度较高，是珠三角地区最大的在线钢铁大宗货品交易平台。小冰火人最初由一对夫妻在家里开网店起步，只用5年时间，就发展成拥

表1　顺德区骨干电子商务企业

分类	企业
B2B 电子商务平台	欧浦钢网、易发塑料网、圣托酒店用品网、中国木机商贸网、均安牛仔世界
B2C、C2C 电子商务平台	花卉世界网、兰花交易网、均安牛仔商城
B2C 制造企业	小熊电器、SKG(艾诗凯奇)、盛熙电器(贝尔莱德)、大森林家居、东菱(新宝)电器、格兰仕、那度家具、宝元家具、名匠轩、乐百购
电子商务代理运营商	小冰火人、九鼎、飞鱼、新启动力
电子商务后台服务企业	动易网络、赛普软件、我的拍档
电子商务供货商	美的、简氏
人才培养	顺德职业技术学院、我的拍档、胡锦超职业技术学校
电子商务园区	中国邮政 EMS 电商集配中心(大良红岗、容桂华口)、龙江龙头家具电子商务港

有200多名员工、年网上销售家电产品超2亿元的专业电商。小熊电器原先只是一家小家电代工企业，因尝试通过网络推广其生产的酸奶机一炮走红，后全力开拓网上销售渠道，2012年销售额已达到2.5亿元，迅速完成了从代工企业到品牌电商的转变。SKG（艾诗凯奇）采用自主研发设计、合作厂商专款生产、国内外网络直营或代理销售的运营模式，创立才5年，却以每年300%的速度增长，预计2013年销售额将达4.5亿元。

4. 产业集群载体建设不断加速

顺德良好的产业环境，正不断吸引国内电子商务龙头企业进驻，其中，慧聪网计划投资11.85亿元在顺德区北滘镇兴建占地4.4万平方米、总体建筑18.5万平方米的慧聪中国家电电子商务产业园。该项目将借助现代营销技术和供应链管理技术，集家电企业集群采购、商品展示、产品研发、品牌营销、电子商务、现代物流于一体，建设成中国家电电子商务交易中心和中国家电电子商务总部基地。项目已于2013年4月奠基动工，预计到2017年，基地入驻企业将达500家，每年实现线下交易300亿元、线上交易1000亿元。

顺德龙江镇正加快推进龙家具电商港建设，该园区总规划占地面积约150亩，经营面积约50万平方米，其中，电子商务核心区域15万平方米，依傍亚洲国际物流、东北物流两大物流中心及龙江片区2000余家家具制造厂的产业基础，园区提供展厅、办公、仓储、公寓等多功能使用空间，创新实现“实体展示+电子商务+现代物流”的发展模式，预计到2015年龙家具电商港全面建成后，将容纳120余家电子商务商家，到2018年孵化500家以上家具电商企业，培育20家以上行业领先龙头企业，打造成“中国家居电子商务产业园”和国际化的家具电子商务集散地。

此外，大良、容桂、乐从、勒流等镇街，积极依托自身特色产业，通过新建或三旧改造等方式，筹备建设一批电子商务运营中心或孵化基地。

三　顺德区电子商务发展存在的主要问题

顺德区电子商务发展虽有一定基础，也有自身的特色和一些亮点，但与电子商务发达地区相比还有比较明显的差距。目前，制约顺德电子商务发展的问题主要有以下几大方面。

一是影响力大的龙头电商企业缺乏。顺德是全国著名的制造业基地，但当前顺德大多数企业依然专注于原来的发展模式，对电子商务等新经济手段普遍重视不够。顺德虽然已有欧浦钢网、易发塑料等电子商务平台，有小冰火人、大森林等专业电商，也有小熊电器、盛熙电器（贝尔莱德）、SKG（艾诗凯奇）等专做线上产品的家电制造厂商，但目前顺德从事电子商务的企业数量比例和规模太小，与广州的唯品会、梦芭莎等相比差距巨大。顺德电子商务发展整体水平远低于广州、深圳，和江浙等电子商务发达地区相比差距也较明显。

二是缺乏统筹规划，缺少电子商务发展载体。顺德的电子商务统筹规划发展力度依然不足，产业发展载体偏少。2012 年顺德区在申报商务部电子商务示范基地时未能通过审核的一个重要原因是顺德没有一个成形的电子商务产业园区作为载体。现有的三个电子商务创业园（中国邮政 EMS 大良红岗、容桂华口电子商务物流集配中心以及龙江龙头家具材料城）均是由企业投资建设运营的，这三个园区及其他电商聚集地大多是依托各镇街特色工业产业，利用旧工业厂房改造而成，其周边配套设施普遍较差，同时由于缺乏优惠政策，入驻电商经营压力大。目前，淘宝网家具销售排名前两位的林氏木叶、美乐乐，虽然其销售的家具均由龙江家具厂代工生产，物流配送服务也依赖龙江，但不在顺德注册，这一现象非常值得反思。

三是缺乏吸引人才的环境。调查资料显示，顺德区近九成电商企业反映企业发展面临的最大问题是缺乏人才。电子商务最重要的是网络营销、商业策划、平面设计、广告制作、宣传推广、程序开发、网上客服等方面的人才，这些从业人员均是白领人士。顺德的区域位置、生活环境、城市配套本身就难以与北京、上海、广州、深圳等大城市相比，而顺德的电商又普遍资金实力有限，发展困难，难以租用中心城区的写字楼，只能集聚在工业区，利用旧工业厂房运营，其周边环境更是影响到人才的招聘。

四是缺少扶持电子商务发展的政策。电子商务是新兴行业，多为个人创业，初期都属于小微企业，资金实力有限，发展困难，但顺德之前没有出台扶持电子商务发展的专项政策。令人担忧的是，目前顺德在网上畅销的家电产品，包括美的、格兰仕等大品牌，主要由江苏、浙江、北京、上海等地的电商企业代理销售，长此以往，顺德企业的网上销售渠道可能会渐渐丧失。

五是电子商务发展环境有待改善。顺德电商反映较多的问题包括：中小电商融资困难，资金瓶颈限制企业进一步发展；税务部门对小微电商的发票管理严格，每月提供的空白发票数量太少，限制了电商企业的产品销售；顺德的制造企业对与电商合作的积极性不高，许多顺德的家电企业宁愿以更低的价格供货给苏宁、国美，忍受苏宁、国美半年以上的销售货款拖欠，也不愿与电商合作，除非电商能现款提货或以更高的价格进货。另外，本地物流服务差、物流成本高也是顺德电商重点反映的问题。

四　下一步工作措施

加快发展电子商务，是顺德区以信息化技术和现代经营业态改造提升传统服务业的重要切入点，也是引导顺德区制造企业转型升级的重要举措。下一步，顺德将找准扶持电子商务发展的着力点，创新理念思路，进一步完善政策，鼓励更多的顺德企业、顺德产品“上网触电”，打造和培育一批网商龙头企业，支持传统制造企业发展 B2B、B2C 商业模式，积极扩展网络销售渠道，从而实现产业和企业转型升级。具体工作措施包括以下四方面内容。

1. 加强引领，推动产业健康发展

一是编制出台专项规划。2013 年初，顺德区经济和科技促进局联合暨南大学起草《顺德区电子商务发展专项规划（2013 ~

2020年)》，分析产业发展现状及面临的形势，明确产业发展的目标、方向、主要任务与重点突破领域，健全保障措施，引导电子商务产业健康快速发展。目前，该规划已于2013年8月中旬正式印发，并在8月16日的首届顺德电子商务大会上正式对外发布。

二是制定出台产业发展政策。为加快电子商务产业发展，顺德区将在未来三年从区经济和科技发展专项资金中划拨约3000万元扶持电子商务发展壮大。同时，配套出台《顺德区财政扶持电子商务发展专项资金管理办法》，加快培育电子商务产业集聚发展，扶持一批电子商务企业做大做强，普及和深化电子商务应用，强化人才队伍建设和智力支持。目前，该办法送审稿已上报区政府，将于2013年内正式出台。

2. 统筹资源，协同推进产业集聚

一是筹建电子商务产业园区。推动各镇街各自依托自身特色产业，利用各种条件（将闲置物业或旧厂房进行改造，或引进民营资本新建），建设一批电子商务运营中心或孵化基地，争取到2016年，全区拥有省级电子商务示范园区不少于2个，国家级示范园区1个。

二是区镇合力推进电子商务发展。深化乐从镇的国家级电子商务试点建设。推进慧聪中国家电电子商务产业园建设，协调解决项目建设中的重要问题。

三是筹建电子商务物流集配中心。在区内规划建设一批以信息化手段实现信息流与货物流无缝对接、货物配送服务与主流电子商务平台无缝对接的电子商务物流集配中心，为电商企业集中提供货物仓储、物流配送等服务，以降低物流成本。

四是建设省外电商仓储物流集配中心，组织顺德电商抱团到安徽、成都、河南、江苏、浙江等地建设顺德电商物流区域分仓，为顺德电商集中提供货物仓储、物流配送等服务，以提高配送效率。

五是申报创建国家级或省级电子商务示范城市（创新区）。希望争取与广东省经济和信息化工作委员会合作共建广东省电子商务创新区。下一步，争取向国家、广东省有关主管部门申请建设国家级电子商务示范城市，争取更多的上级资源支持顺德电子商务发展。

3. 大力普及，深化电子商务应用

一是扶持骨干电商做大做强。培育一批电子商务骨干企业，扶持示范企业做大做强，通过示范效应推动更多的企业“上网触电”。

二是推广电子商务应用。强化电子商务在各产业间的渗透融合，协助具备条件的制造企业通过开设网店或搭建网上商城，拓展网上销售渠道，促进实体市场与网上市场有机结合。

三是举办电子商务创新活动。推动顺德区制造业与电商服务企业对接，并策划组织与淘宝天猫商城、京东商城等国内知名平台开展电子商务系列创新活动，如举办顺德（家电、家具、服装）购物节、网货交易采购会等。

四深入推进“广货网上行”工作。继续发动顺德的电商平台、商城、网店、电商服务企业和制造企业参与“广货网上行”活动，依据广东省的统一要求和部署推动“广货网上行”深入开展。

五是解决电商企业融资难问题。与银行等金融机构合作，为电商企业提供融资产品，拓展融资渠道。

4. 营造氛围，广泛开展电子商务培训

一是举办电子商务大会。2013 年 8 月 16 日，广东省经济和信息化工作委员会、顺德区政府、顺德区经济和科技促进局、顺德区容桂街道办事处和南方日报社联合举办了首届顺德电子商务大会，邀请国内电子商务顶级专家对顺德提出建议，发动主流媒体广泛深入报道，重点营造大力发展电子商务的良好氛围，推动更多的企业加快“上网触电”，有超过600家企业的800多名代表参加了本次大会。

二是开展电子商务培训。充分利用顺德区电商人力资源，通过区电子商务协会组建电子商务讲师团，以及与淘宝大学等机构开展合作，举办电子商务系列培训和沙龙。

三是加强电商人才培养。与顺德职业技术学院、职业学校开展合作，设立电商班，培养具有实战能力的电子商务专业人才。与省内外院校开展电商人才对口培养和招聘等活动。

B.12

阳江：大力扶持、积极规划，立足电商产业长远发展

摘　要：

近年来，阳江市电子商务产业发展成效显著。2012年，阳江市开展电子商务交易的工商注册登记企业共99家，使用第三方电子商务平台的中小企业共446家，同比增长3.5%，资金投入总额为1920万元，同比增长9.8%。阳江市集中发展制造业与流通业领域的电子商务，推进企业信息化进程，推广电子商务应用，帮助企业转变管理理念和经营模式，推进全市企业信息化进程。

关键词：

阳江　电子商务　企业信息化

近年来，在广东省委、省政府的重视和支持下，阳江市电子商务发展取得了一定进展。目前，阳江市电子商务应用领域主要集中在第二产业的加工制造业以及第三产业的流通业，规模以上企业都已自建网站，并成功应用现代信息管理工具辅助商贸工作。中小型民营企业则主要利用阿里巴巴、环球市场、环球资源等第三方电子商务平台获取资讯或实现产品、服务的管理。2012年，阳江市开展电子商务交易的工商注册登记企业共99家，使用第三方电子商务平台的中小企业共446家，同比增长3.5%，资金投入总额为1920万元，同比增长9.8%。

一　主要工作

一是建立健全阳江市电子商务规划。2012 年，阳江市制定了《阳江市电子商务发展实施方案》，明确了阳江市电子商务发展的指导思想、基本原则、发展目标和工作措施。

二是强化本地企业应用电子商务意识。第一，开展专题培训活动。2013 年 3 月，阳江市举办了首届专业镇中小微企业电子商务培训班，共有来自阳江市五金刀剪、海产养殖，以及马水橘、程村蚝、白沙鹅等农业类省市级专业镇的有关负责人和相关行业的中小微企业代表近 40 人参加了专题培训。第二，发挥行业协会力量。2013 年 7 月，由阳江市网商会承办的培训活动，邀请了中国 NLP 学院创办人黄启团为阳江市企业讲授打造业务团队和创新经营管理的心得，共有 200 多家企业集中参加了学习培训。

三是积极开展电子商务推广活动。第一，落实“广货网上行”活动。2012 年 9 月，阳江市制定《阳江市实施 2012 年广货网上行活动工作方案》，共发动阳江市 200 多家企业成功应用“广货网上行”平台开展营销业务。第二，开展多场对接活动。2012 年 11 月，阳江市举办了“阳江市百家优质制造企业与电商平台对接会”，共有 120 多家企业现场签订了相关战略合作协议。第三，推进“万村千乡”和“农产品现代流通”工程信息化建设。

四是加大对电子商务行业的扶持力度。第一，资金扶持。阳江市商务部门每年积极组织推荐本地电子商务企业申报国家级、省级各类扶持电子商务发展的专项资金支持项目。第二，服务建设。特别是鼓励阳江市电子商务企业与外地电子商务骨干企业加强合作。2013 年 7 月，阳江市祥业实业有限公司与知名电商阿里巴巴合作的“诚信通”区域平台成功上线，成为阳江企业接入国际市场电子商务平台的直接通道，推动阳江市电子商务特色产业带建设。

五是不断完善电子商务配套支撑体系。第一，完善信息网络基础设施。第二，构建有效支撑电子商务发展的现代物流体系。第三，完善电子商务支付体系建设。

二　存在的问题

虽然阳江市电子商务建设取得了一定成效，但与国内电子商务技术应用成熟的地级市相比，还有很大的差距，主要存在问题有：一是企业应用电子商务意识不强，传统营销观念影响较深；二是政府投入有待加强，由于财政资金紧张，所以未成立市级专项发展资金；三是电子商务高端人才和专业技术人才匮乏；四是电子商务产业链有待完善；五是缺乏实力雄厚、具有典型示范作用的电子商务龙头企业。

三　下一步工作计划

第一，继续加大宣传推广力度。一是以第十二届中国（阳江）国际五金刀剪博览会为宣传平台，发动更多的企业“上网触电”；二是依靠“广货网上行”与“万村千乡”等活动，进一步宣传推广电子商务。

第二，重点培育电子商务平台。通过政策扶持，孵化一批具有阳江特色的大型电子商务平台，如阳江五金刀剪网、阳江海产网、阳江旅游网、阳江餐饮网、阳江物流网等。

第三，抓好招商引资。制定新的招商引资策略，有针对性地引进有实力的电子商务企业以及电子商务产业链相关企业，重点引进具有研发、后台运营与维护、运营结算以及培训等功能的电子商务项目，提升阳江市电子商务的发展水平和产业集聚度。

第四，抓好人才资源。一是引进外来高层次电子商务人才。由于电子商务行业具备知识密集和技术密集的特点，因此对人才的要求较高，而阳江市本地人才资源供给暂未能满足该行业的需求，需要从外地引进商务营销、IT 技术、运营方面的高层次电子商务人才。二是加强本地人才培育。充分利用高等院校、信息化培训机构的力量，有针对性地培养电子商务人才，为发展电子商务提供人才保障。

第五，进一步发挥电子商务协会的作用。通过协会做好对电子商务企业的信息咨询服务及政策、技术、产业、市场导向等工作，对外维护行业的合法权益，对内引导企业规范经营行为，维护行业竞争秩序，促进阳江市电子商务工作迈上新的台阶。

B.13

清远：大力扶持、多措并举，着力推进电子商务发展

摘　要：

清远市一直致力于推动电子商务推广和普及，推动全市企业转型升级进程，不断出台新政策、新措施支撑电子商务健康发展，不断优化产业发展环境，扶持农业电子商务的发展，开拓电子商务应用范围，拓展电子商务发展空间。

关键词：

清远　电子商务　信息化

随着电脑、网络的运用越来越普及，电子商务作为一种新型商品流通业态开始萌芽并迅速发展壮大，极大地促进了国民经济的发展。近年来，清远市高度重视推进电子商务发展，将其作为清远市经济工作的重要内容，出台了多项政策，实施了多种措施，促进了清远市电子商务取得阶段性发展成果。

一　清远市电子商务发展现状

1. 电子商务不断普及和深化

电子商务在清远市国民经济多个领域的应用不断得到拓展，应用水平不断提高，逐步形成与实体经济深入融合的发展态势。据不

完全统计，全市在阿里巴巴、淘宝网、拍拍网、百度“有啊”等电子商务平台登记注册的电子商务企业接近6000家。应用电子商务的行业主要包括金融、建筑、建材、机械及设备、农业、食品、饮料、礼品、工艺品、饰品、服装、商务服务、冶金矿产、家居用品等。

2. 电子商务发展支撑环境不断改善

近年来，清远市信息基础设施规模和技术水平发展迅速，基本构建起以光纤通信为主，以卫星通信、移动通信、微波通信为辅的城市信息高速公路。到2012年，全市移动电话用户达到314.22万户，普及率达78.6%；互联网宽带用户达到30.97万户，普及率为7.7%；手机上网人数达197.3万人，普及率为49.3%。

3. 网站建设技术支持不断优化

为企业搭建网站、给予技术支持的服务机构不断涌现。其中，具有代表性的企业有清远中小在线信息服务有限公司、清远市尚正计算机有限公司等。2013年，清远中小在线信息服务有限公司正式获得广东省通信管理局颁发的中华人民共和国增值电信业务经营许可证，被获准经营互联网信息服务业务。该公司主要为企业提供一站式的信息化解决方案，解决企业建站难、维护难、推广难、招人难、招商难的问题，已成功为清远2000多家企业建成了网站，对企业推广应用电子商务起到积极作用。

二　多措并举，着力推进清远电子商务的发展

1. 加强组织领导

为加快电子商务发展，清远市建立了推进电子商务发展工作领

导小组，以协调解决清远市电子商务发展中的问题。领导小组由市政府分管领导担任组长，成员由市委宣传部、市经信局、市外经贸局、市发改局、市科技局、市财政局、市国土资源局、市交通运输局、市国税局、市地税局、市工商局、市统计局、市质监局等部门负责人组成。

2. 加大政策支持

为加快清远市电子商务与实体经济的融合进程、推进电子商务发展及应用、促进产业转型升级。该意见明确了清远市推进电子商务发展的几项重点：一是引进企业网购总部、后台服务中心和结算中心落户清远。设立区域运营中心、结算中心、呼叫中心及研发中心，加快清远呼叫产业基地建设，以呼叫产业为突破口加快清远电子商务发展。二是促进商品批发环节的网上交易，发展网上批发、网上拍卖等电子商务，形成以商品市场为依托的网商集聚区。三是促进物流基础设施建设，在源潭设立大宗物流产业园区，优化物流节点的布局，规划建设一批符合电子商务发展需要的物流配送中心。四是吸引总部型企业落户，集中力量吸引一批国内外百强电子商务运营企业，特别是总部型电子商务企业落户。五是加快人才培养。加大清远职业技术学院及有关院校电子商务学科专业建设，重点培养后台软件操作技术型开发人才和前端操作应用型人才。

3. 抢抓发展机遇

以广东省实施“广货网上行”战略为契机，大力推进清远市各个电子商务平台建设。一是根据服务经济发展的趋势和要求，建成由清远市中小企业电子商务信息化公共服务平台、清远中小企业网、非金属矿产品电子交易平台、中小企业安全生产信息平台、中小企业融资服务平台、中小企业人才招聘与培训服务平台组成的综合性信息化公共服务平台，为清远市中小企业提供经营、管理、生产、采购、营销、金融、品牌等一系列及时、便捷的服务。二是推动民生电子商务应用。通过推动公用事业相关单位在电子商务方面的应用，实现水、电、气等费用的网上缴纳；加大力度推动“市民卡”工程，逐步扩大电子商务在城市管理和综合服务中的应用范围，促进城市信息化建设。三是结合行业发展情况，建设清远铜交易中心、清远农产品网、清远商城、清远电子商务网、清远网货以及清远旅游网等平台或商城。

4. 加快农村电子商务发展

通过积极探索转变商业模式，大力推进农村电子商务的发展，服务农业“三品”工程，促进农民增收。2013 年，市农业局、市经信局、团市委联合制定了《清远农村电子商务试点工作方案(2013 年)》。清远将以已建成的清远农产品网、清远商城、清远电子商务网等平台为试点，到 2013 年底培训 500 名青年从事农村电子商务创业，使之成为清远市首批农村电子商务应用人才，为清远市发展电子商务奠定基础。实施农村电子商务示范工程，力争到 2013 年底创建 5 家市级示范企业、10 家市级示范网店，实现农村电子商务年销售额超过 1000 万元。同时，借助清远农产品网，免费开展在清远农产品网开店常识的培训业务工作，使农村青年更快申请属于自己的网店。

5. 狠抓企业信息化培训

2012 年 12 月，由市经信局主办的“广货网上行”电子商务清远企业对接会，经企业参与和媒体报道后，在清远兴起了一股电子商务应用热潮，百家企业纷纷试水并初步尝到了电子商务网络销售的甜头。为继续深化“广货网上行”等电子商务活动的影响力，市经信局 2013 年又筹划了清远市区、佛冈、英德、阳山、连南、连山和连州共七场以电子商务为主要内容的企业信息化培训系列活动。培训活动以推动电子商务发展为主题，以引导企业发展网络销售平台、发展在线支付增值服务为宗旨，培训讲座介绍了当前信息化社会条件下，企业生存与发展的挑战和机遇，政府在电子商务发展方面的扶持政策；电子商务运营企业详细展示了清远市电子商务的应用推广前景，结合实例分享了清远市企业现有的 B2B、B2C 模式和成功经验。据统计，本系列活动有超过 700 家企事业单位共 1500 多人参加。

三　清远发展电子商务存在的主要问题

一是电子商务技术运用不高，经营仍以实体展销为主，对新的电子商务营销认识不足，经营经验普遍较缺乏，难成品牌。

二是农村电子商务推广难度大。由于农村网络覆盖存在差异，尤其是边远山区网络信号弱，在很大程度上阻碍了农村电子商务的发展。

三是电子商务的商业模式尚不成熟，服务能力尚待增强，服务水平尚待提高，服务范围尚待拓展。

四　加快清远电子商务发展的思路及措施

1. 总体思路

坚持企业主体、市场导向、政府扶持原则，培育电子商务服务，强化电子商务宣传教育，推进电子商务普及应用，加快电子商务人才培养与引进，完善电子商务配套体系建设，促进清远电子商务产业加快发展。

2. 工作措施

第一，进一步加大政策扶持力度。根据《清远市人民政府办公室关于加快电子商务发展的实施意见（试行）》精神，加快出台支持清远市电子商务发展的措施并组织实施。

第二，普及深化电子商务应用。一是培育发展电子商务集聚区。规划创建电子商务产业园，加强与知名投资中介的合作，同时选择基础条件好、发展环境优的镇街或依托各工业园和粤中物流园等区域，打造电子商务基地，形成电子商务产业群，提升电子商务的产业承载能力，实现电子商务集群化、规模化、品牌化发展。二是搭建行业电商联盟公共服务平台。结合清远产业特点，培育具有鲜明行业特色的本地电子商务服务平台，尤其是在再生金属、特色农产品、旅游等领域，建立集推广、交易、物流、支付等服务于一体的 B2B、B2C 行业电商联盟公共服务平台，鼓励传统商贸流通企业建立网络购物平台，发展线上线下联动的新型营销模式，指导大宗商品电子交易平台规范发展，健全大宗商品电子交易平台管理机制。三是推动发展电子商务技术服务业。鼓励基础电信运营商、软件供应商、系统集成商的业务转型，为电子商务企业提供平台及应用系统开发、信息处理、数据及网站托管、运营和管理等外包服务。加快清远第三方支付电子平台建设，扶持有能力的企业发展清远本地以电子商务支付为主要业务的第三方支付服务机构。四是提升传统企业应用电子商务水平。借助“广货网上行”的机遇和平台，大力鼓励和支持传统企业加快信息化建设，围绕企业业务流程再造和管理信息系统等环节，积极发展电子商务。倡导企业利用电子商务提升供应链管理能力，应用第三方平台开展诸如广告宣传、商品销售、售后服务等一系列活动，使企业尽快进入电子商务市场网络体系。

第三，大力营造氛围。一是普及电子商务知识。组织一系列针对清远传统经济的电子商务专业论坛、主题演讲，举办清远网货和网商交易展会，引导传统企业切实转变经营理念，充分认识发展电子商务的重要性，形成良好的社会氛围；重点针对传统制造企业、传统商贸流通企业高管和县（市、区）政府主管部门负责人，大力开展电子商务培训。二是加大宣传推广力度。在各级媒体上开展清远城市形象、清远特色产业、清远品牌和清远电商宣传，提高清远产品在全国的影响力。引进高端的宣传、策划、推广人才和技术服务企业，强化清远产品网络形象设计和宣传，并通过政府引导，不断扩大示范效应。与此同时，应积极联系新闻媒体，做好电子商务方面的宣传报道，在全社会营造发展电子商务的良好氛围。

B.14

茂名：加强电商产业建设，推动工业、农业全方位“触电”

摘　要：

随着工业化和城市化的快速推进，茂名市社会发展取得了长足进步。电子商务是现代服务业的重要细分产业，是现代产业体系建设的重要内容。茂名要抓住机遇，积极推进产业调整和转型升级，不断创新，完善电子商务产业环境，真正把茂名建设为现代化海滨城市，实现发展的新跨越。

关键词：

茂名　信息技术　电子商务　创新

电子商务作为现代服务业中的重要产业，国家和广东省都非常重视，广东省委、省政府把电子商务作为落实科学发展观的发展指标（网上购物率）考核各级党委和政府。近年来，茂名市在推进信息化建设过程中，注重发挥电信、移动、联通三大通信运营商在网络、技术、服务和人才等方面的优势，着力提升和优化茂名市电子商务发展环境，大力推进“三网融合”和“两化”深度融合，新兴信息技术在政务、商务、生产、生活、教育和文化等领域的广泛应用。全市电子商务市场得到稳定发展。

一　电子商务发展基本情况

近年来，茂名市加强对信息营运企业的引导，鼓励和支持各行业拓展各种类型的电子商务，共同推进茂名市电子商务建设，目前，全市电子商务得到稳步发展。具体情况如下。

1. 建设石化产品电子商务平台

广东渤海石化产品交易所茂石化产品交易中心是茂名市与渤海商品交易所合作共建的石化产品交易电子商务项目，其交易构成包括B2B、B2C、C2C等类型。该电子商务平台于2011年5月19日开始试营业，11月8日正式营运。截至2013年7月31日，客户已发展到约6320家，其中个人客户6170家、企业客户150家。2011年在交易中心产生的交易额达6亿元，2012年交易额为27亿元。截至2013年7月31日，华南树脂聚乙烯、聚丙烯全国交易额达1165亿元，成交量达1087万吨，为推进茂名市石化产品网上交易和电子商务发展奠定了基础。

2. 建设农资电子商务服务平台

按照商务部关于继续开展“万村千乡市场工程”建设工作的要求，茂名不断完善生活消费品连锁经营网络和农业生产资料连锁经营网络建设。由市经信局牵头，市供销社与茂名信鉴电子科技有限公司合作，在建设“茂名市城乡一体化农村信息综合服务体系”和“茂名市城乡一体化农村信息综合服务平台”的基础上，建设“农资电子商务服务平台”。该项目整合市、县两级共7个农资经营公司、108个镇级农资经营公司、2207个村级农资连锁店的资源，建立全市统一采购的“茂名市农资体系联盟”。通过建立“农资电子商务服务平台”，分阶段、分步骤实现全市各级农资经营公司和农资连锁店农资产品“统一网上销售，农民在网上选购，统一仓储，统一物流配送，统一网上支付”，实现农村农资的电子商务交易。2012 年 5 月“茂名市农资电子商务服务平台”正式挂网运行。

其中，茂名信鉴电子科技有限公司有两个电子商务平台：一是农资联盟平台，始运行于 2010 年 8 月，2011 年度平台总交易额为 38 万元，平台注册用户累计达 13.5 万人；2012 年度平台总交易额为 6000 万元，平台注册用户累计达 28.9 万人；截至 2013 年 7 月 31 日，平台总交易额为 8000 万元，平台注册用户累计达 30.1 万人。二是折扣商城电子商务平台，这是以服务茂名商家及消费者为宗旨的 B2C 类平台，始运行于 2012 年 2 月，2012 年度平台交易总额为 13 万元，平台注册用户累计达 3.9 万人；截至 2013 年 7 月 31 日，平台交易总额为 150 万元，平台注册用户累计达 5.2 万人。

3. 发展网上购物商城

近两年来，茂名市网上购物商城发展很快，涌现出一批“上网触电”、建立网上商城的企业。比较有代表性的有“A + 商城”“聚佳网上购物商城”“明湖网上商城”。“明湖网上商城”是茂名市一家大型超市面向市民的电子商务平台。该平台可供选购的商品有家用电器、副食品、生活用品、母婴用品等 1500 多种。“明湖网上商城”已于 2011 年 5 月 18 日正式挂网运行并开始正式营业，至今用户已有 2300 多人，交易金额约达 153 万元。

二　发展电子商务的工作措施

1. 发挥通信行业潜力优势，着力提高电子商务普及率

在推进信息化的电子商务建设过程中，积极发挥茂名市电信、移动、联通等三大通信运营商在网络方面的优势，着力提升和优化茂名市信息化的发展环境，大力推进新兴信息技术在商务、生产、生活、教育和文化等领域的广泛应用，有效提高茂名市电子商务的普及率。

2. 加强协作，提升网上购物普及率

为转变市民的消费观念、提升茂名市的网上购物普及率，一方面，在全市经信系统开展“科学发展我有责，快乐网购我参与”网上购物有奖评选活动，充分发挥职能部门的示范带头作用；另一方面，与中国建设银行茂名市分行联合开展“用建行支付宝卡，缤纷好礼等你拿”互联网购物推广活动，充分调动消费者的积极性。消费者对该项活动的反应非常强烈，有15000多人参与了活动，有力地促进了网上购物普及率的提升。

3. 积极推进重点项目建设，加快电子商务应用发展

为促进电子商务应用发展，积极争取上级部门支持茂名市广东大中商品电子商务有限公司电子商务平台、“明湖网上商城”平台、茂名信鉴电子科技有限公司农资网上购物平台和“万村千乡市场工程”商品配送中心等电子商务应用项目建设，积极扶持和促进电子商务企业发展。

4. 加强宣传工作，增强全民信息化观念

为有效提高电子商务发展水平、促进信息化和经济社会发展，茂名积极开展“人人参与信息化，网络惠及你我他；我上网，我网购，我时尚，我精彩”等活动，充分调动了人们参与信息化建设的热情，对茂名市消费型增长起到了积极的促进作用。

三 下一步发展电子商务的计划

一是培育发展电子商务龙头企业。进一步完善茂名市电子商务投资环境，选择1～2家经营规范、具有一定规模和发展潜力的电子商务企业进行重点扶持，培育发展为茂名市电子商务龙头企业。

二是推动电子商务示范企业建设。支持广东大中商品电子商务有限公司电子商务平台创建省级电子商务示范企业，发挥电子商务示范项目带动作用。

三是鼓励大型流通企业发展电子商务服务平台。积极支持和鼓励大型流通企业建立第三方电子商务平台，培育发展1～2家大型流通企业建设网上商城，进一步推动产业化集聚发展。

四是加大电子商务网络监督，构建信用服务体系。重点建设茂名市电子商务服务平台，健全电子商务网上诚信服务体系。加强对电子商务经济活动的规范和管理，加大对电子商务网络的监督力度。

五是加强人才培训和宣传。建立健全电子商务人才队伍服务保障体系，广纳和培养电子商务高技能人才。支持现有企业加强与电子商务发达地区企业的交流合作，鼓励企业积极参与国内外市场竞争，大力宣传推广网上购物，促进茂名市电子商务整体水平有效提高。

B.15

韶关：提升电子商务应用水平，加强电子商务人才培养

摘　要：

近年来，韶关的电子商务取得了一定进展。电子商务在工业、农业、流通业等产业领域的应用不断深入，电子商务企业健康发展，鼓励企业通过电子商务降低成本，提高运营效率，提升服务水平。同时，韶关实施了“百千万金凤引航工程”和《韶关市加快引进培养高层次人才的实施办法（试行)》提出的各项政策，推动电子商务人才培养，支撑电子商务健康发展。

关键词：

韶关　电子商务　人才　应用

一　韶关市电子商务发展现状

当前，电子商务在韶关市工业、农业、商贸流通、交通运输、金融、旅游和城乡消费等各个领域的应用不断得到拓展，应用水平不断提高，正在形成与实体经济深入融合的发展态势。涌现了以U购网（www. ug800. com，广州市壹码惠网络科技有限公司韶关分公司）为代表的韶关综合性电子商务平台，东明物联、韶峰物流、丹霞山旅游、翁源兰花等行业电子商务平台，以及韶关邮政网商创

业园。2012 年，韶关市完成农家店信息化改造项目 34 个，组织 300 多家企业参与“广货网上行”活动，促进企业电子商务发展和产销对接，扩大网上交易。截至 2012 年底，在淘宝网上开店的韶关地区店铺数已超过 2300 家，年度总营业额超过 2 亿元；在天猫上开店的韶关地区品牌企业已超过 20 家，年度总营业额超过 2000 万元。2012 年度，韶关地区消费者在淘宝网上的消费额在 6 亿元以上，在天猫上的消费额在 1.6 亿元以上。

二 主要开展的工作

为加快韶关市电子商务发展，鼓励本地企业加快应用电子商务，推进企业降低成本、提高效率、拓展市场、创新经营模式，实现产业转型升级，提升产业竞争力，广东省经信委信息化推进处袁国清调研员带领韶关市经信局、信息中心、中小企业局有关人员到阿里巴巴（广州）网络技术有限公司参观洽谈电子商务合作事宜。阿里巴巴集团派出 8 位专家来韶关市“把脉、会诊”，做电子商务宣传和培训，为韶关市推动产业转型升级、提升信息化与工业化融合水平、发展电子商务提供了新的契机，注入了新的动力。

另外，韶关市积极落实“百千万金凤引航工程”和《韶关市加快引进培养高层次人才的实施办法（试行）》等提出的各项政策，着力引进物联网产业青年领军人才和创业创新团队，重视使用物联网工程技术人才。充分发挥粤北技工教育品牌优势，深化校企合作，开展“校企双制”办学，实施校园和产业园“双园对接”工程，培养各类物联网实用技术专业人才和熟练技术工人，造就一支适应物联网发展的人才队伍。建立物联网人才实名信息库，创新物联网人才服务机制，对于来韶关创业就业的物联网高层次人才，由省高层次人才服务专区韶关分区提供“一站式”服务，加大物联网产业知识产权保护力度。加强韶关学院计算机学院物联网工程专业建设。

三　发展电子商务的措施建议

1. 发挥政府的宏观规划和指导作用

一是制订相应的电子商务发展规划，通过规划，协调、组织和引导电子商务的发展。省人大要适时制定电子交易、信用管理、安全认证、在线支付、税收、市场准入、隐私权保护、信息资源管理等方面的法律法规，营造支持电子商务发展的环境。二是充分利用各种媒体，采用多种形式，加强电子商务的宣传，提高社会各界对发展电子商务重要性的认识，增强企业和公民的电子商务应用意识、信息安全意识。三是扶持并服务于中小企业的第三方电子商务服务平台建设，解决中小企业在投资、人才等方面存在的问题，促进中小企业应用电子商务提高商务效率，降低交易成本，推进中小企业信息化。

2. 充分发挥企业在开展电子商务应用中的主体作用

一是推进企业信息化建设。企业信息化是电子商务的基础，鼓励企业加大信息投资的力度，支持有条件的企业建立自己的内部网络和信息系统，实现企业内部信息管理的电子化，开发适合流通产业发展的先进网络技术，积极探索发展各种方式的电子商务。二是发展面向消费者的电子商务应用。引导传统批发零售企业开展网上购销，组建跨行业、跨地区的网络公司，推进网上交易，扩大企业与消费者、消费者与消费者之间的电子商务应用规模。

3. 发展现代物流体系

充分利用交通、邮政、仓储、商业网点等现有物流资源，完善物流基础设施建设。提升物流业信息化水平，提高现代物流基础设施与装备的使用效率和经济效益。发挥电子商务与现代物流的整合优势，大力发展第三方物流，有效支撑电子商务的广泛应用。

B.16

汕头：加强法制建设，打造电子商务产业体系

摘　要：

近年来，汕头市电子商务发展取得了一定的突破，获得了国家八部委授予的“国家电子商务示范城市”称号，2012年全市实现电子商务交易额230亿元，发展前景广阔。汕头市将加强法制建设，推动示范工程，打造完善的电子商务服务体系，促进电子商务做大做强。

关键词：

汕头　法制建设　示范工程　电子商务

自从汕头市荣获国家八部委授予的“国家电子商务示范城市”称号以来，在省经信委的关心指导下，汕头市坚持以政府为引导、企业为主体，发扬特区先行先试的创新精神，积极创造和优化电子商务发展环境，以产业抱团的形式，切实发挥行业协会的积极作用，推进电子商务产业健康快速发展，并以电子商务为传统产业转型升级和现代经营业态改造提升的重要切入点，推动电子商务与其他产业加速融合，助推扩大消费和经济结构调整。近期，汕头市电子商务产业规模不断壮大，全市出现电子商务发展热潮。按保守口径统计，2012年度全市电商交易规模达230亿元；而据产业测算，该数据将超千亿元，增速居全国前列，相关成绩得到上级部门和领

导的肯定。商务部对汕头电子商务发展给予了高度关注，在2013年第2期《商务部信息化简报》中指出："汕头市政府以示范城市为契机，通过立法建制和政策鼓励等一系列措施，大力推动电子商务相关产业快速发展，取得较好成绩。"

一　汕头市电子商务建设工作情况

1. 加强电子商务立法保障并抓好落实

汕头充分发挥特区立法优势，先行先试，发布了《汕头经济特区电子商务促进办法》。该办法是广东省首部电子商务专门立法，更是全国首部运用特区立法权优势出台的电子商务产业促进办法。随后，汕头市又编制了《汕头经济特区电子商务促进办法实施细则》和《汕头市促进电子商务发展专项资金管理办法》，进一步完善政策配套。近期，汕头市紧抓政策的落实，并认定了一批电子商务示范园区、创业基地、重点电子商务平台和应用示范企业。

2. 推动电子商务产业做强做大

（1）培育电子商务龙头企业

汕头注重结合玩具、内衣等优势产业链发展电子商务，着力引导传统企业整合产业链销售价值高端，提升竞争力。汕头市潮宏基、凯撒股份、天际电器、大树玩具、芬腾制衣、星河电器等龙头企业的电商业务均有较快成长。

（2）推动电子商务园区、平台建设

一是推动电子商务园区和孵化基地建设。引导有实力的企业结合汕头各特色产业集群，差异化建设、发展电子商务园区和孵化基地，形成了柏亚、汇盈、五维、宝奥、宇博等一批电子商务园区。二是结合区域特色鼓励引导电子商务平台建设。依托特色产业集群优势，逐步形成一批在行业内、区域内颇具影响力的电子商务平台。其中，“玩具巴巴网”建成国内品类最齐全的玩具类产品专业电子商务分销平台；“中国工程机械信息网”已成为国内重工行业历史最长和最具影响力全国性电子商务平台，在 Alexa 全球重工行业世界排名中列第一名；“中国兰花网”依托汕头作为全国最大的兰花种植基地的优势，由该网促成的兰花交易量占全国兰花产业总交易量的30%以上。

（3）推进电子商务重点工程建设

一是汕头国际数据特区建设顺利推进。致力于集聚打造相关产业链，将其作为汕头及粤东地区今后发展的新增长点。二是电子商务重点项目快速建设。目前，汕头电子商务重点项目有56个，投资额达24亿元。其中，“面向塑料行业电子商务交易服务”“可信交易保障服务”等四个项目被纳入国家发改委的电子商务应用试点。三是粤东软件技术共享服务平台全面启动，弥补了粤东地区多项现代信息服务的空白，为电子商务技术服务企业提供便捷。

3. 推进电商服务体系建设

（1）引导扶持专业电子商务服务机构

扶持一批专业电子商务服务机构开展业务，为中小企业进入电商领域提供有效的专业服务。推动粤东电商口岸平台、中国电信粤东云计算中心、中国移动粤东区域生产中心以及一批现代物流基地建设，逐步建立和完善电子商务服务体系。

（2）积极建立并完善与电子商务发展相适应的风险投资

积极引导各大银行、金融机构以及国内知名的风险投资机构与汕头市高成长、创新型电子商务企业对接，在柏亚电商园区建设了“电商金融一条街”，在宇博电商园区推动潮商银行与电商企业同园经营，推进电商企业与金融企业深度合作、携手发展。

（3）谋求优化物流配送布局

组织电子商务产业协会、物流协会和有关企业，根据汕头市的物流规划，引进国内最大物流民企宝供物流进驻汕头投资建设物流园区和物流专业仓，引导区域生活类电商平台与同城物流企业进行业务融合，优化物流配送布局，更好地配合电子商务发展。

（4）引导行业规范服务质量

支持行业协会在规范服务质量方面发挥作用，逐步实现服务标准化、规范化和品牌化。

4. 丰富电子商务活动，强化宣传推广

（1）推动传统企业应用电子商务拓展网络销售

举办多场电子商务对接活动。2012 年 11 月 28 日，举办了千家企业参加的“汕头市传统优势企业与电子商务企业对接会”。当晚，广东卫视《新闻联播》对会议盛况进行了报道。汕头市还在会上发布了《2012 汕头电子商务手册》，对汕头电子商务产业发展成就进行了一次全面展示。2013 年 6 月 27 日，汕头市又举办了“广货通天下——2013 汕头内衣、家居服饰电子商务产业促进大会”，促成了多家企业迈向电商之路。2013 年 7 月 19 ~ 23 日，郑人豪市长带领汕头代表团参加第七届中国民族商品交易会，力推国内首个城市产业抱团 O2O（online to offline，线上到线下）推广模式，建设“汕货 O2O 线上展厅平台”，在全国 50 多家媒体和论坛铺开宣传，大力推广“汕头制造”，推进汕货加快开拓内需市场，取得了很好的成效，获得了广东省副省长刘志庚、省经信委主任赖天生和内蒙古自治区区委书记及区主席的高度评价。汕头市通过系列对接活动，近一年来，全市企业实际应用电子商务增长了 200% 以上。

（2）加强宣传造势营造氛围

汕头市通过巡回交流、宣传讲座等活动，宣传电子商务发展的良好环境。2013 年 3 月 27 日，汕头市举行了首届“3·27 汕头网购节”系列活动。新浪、腾讯、网易以及《羊城晚报》等共 50 多家媒体进行了特别报道。2013 年 6 月 27 日，又组织开展了“6·27 汕货网上行”活动。此外，还于 2013 年 3～6 月组织了“闽汕网商达人赛”潮汕赛区系列活动。通过网购节等系列活动，激发全市整个电子商务产业链条的联动发展。

（3）加快人才队伍建设

一是与学校教育相结合，建立电子商务人才培养基地，形成了“三年制订单班”和“一年制培养班”两种培养模式。二是加强社会培训，邀请行业实力讲师开展培训活动数十场次。三是加强与电子商务权威机构组织及电子商务领先企业的沟通合作，邀请专家莅临宣讲交流，营造电子商务分享氛围。

（4）推动电子商务渗入居民生活

切实推动电子商务和信息技术在社会各领域的应用，启动数字汕头和无线城市建设，推进智能交通、平安汕头、车辆射频电子标签自动识别系统、“鮀城通”民生电子商务平台等项目的建设。

B.17
梅州："六项措施"，全力推动电子商务发展

摘　要：

梅州市高度重视电子商务发展，全力推动先进制造业和生产服务业"双轮驱动"，积极探索电子商务发展新模式。梅州市把大力发展电子商务作为打造幸福导向型产业试验区的重点工作，2012 年梅州市共有 2 家企业列入"广货网上行""百家企业"，3 家企业列入"千家网店"，100 多家企业列入"万家企业"。梅州市推出"六项措施"，全力推动电子商务发展。

关键词：

梅州　六项措施　电子商务

近年来，梅州市高度重视电子商务发展，全力推动先进制造业和生产服务业"双轮驱动"，积极探索电子商务发展新模式。特别是 2012 年广东省委、省政府召开全省流通工作会议后，梅州市把大力发展电子商务作为打造幸福导向型产业试验区的重点工作，认真抓好宣传发动、调查研究、营造氛围、研究政策等工作，全力推进"广货网上行"活动，全力开辟梅州产品网上营销新途径，全力推进梅州市电子商务发展。2012 年，梅州市共有 2 家企业列入"广货网上行"的"百家企业"，3 家企业列入"千家网店"，100 多家企业列入"万家企业"名单。截至 2013 年 6 月，淘宝网上梅

州市卖家有704家；阿里巴巴网站上注册开展电商业务的梅州市企业也有5410家，店铺数量呈持续上升趋势。主要做法如下。

1. 深入开展电子商务调研，摸清梅州市电子商务产业发展现状

市经信局按照职能，先后派出人员到深圳福田电子商务产业园、阿里巴巴电子商务产业园等地进行实地考察，了解当前国内电子商务企业的发展状况。组织召开全市电子商务企业发展座谈会，掌握梅州市电子商务企业发展中存在的问题和困难。与市委政研室联合开展电子商务产业发展调研，提出了相关的对策和意见。

2. 制定出台相关扶持政策，奠定梅州市电子商务产业发展的基础

加强与中山大学、嘉应学院等大专院校的沟通联系，在充分调研的基础上，起草了相关政策文件，以市政府名义先后出台了《梅州市人民政府办公室关于加快发展电子商务的意见》（梅市府办〔2013〕19号）、《梅州市人民政府办公室关于印发梅州市信息产业发展三年行动计划》（梅市府办〔2013〕20号）、《梅州市人民政府办公室关于印发梅州市发展电子商务和现代物流产业三年行动计划》（梅市府办〔2013〕21号），提出了梅州市电子商务产业发展的目标、任务和配套措施。市经信局还根据上述文件精神和国家、省的相关政策，制订了加快梅州市电子商务发展的工作方案。

3. 组织企业申报省专项资金支持项目，引导梅州市电子商务企业加快发展

按照省经信委、财政厅工作要求，梅州市经信局认真组织电商企业申报2013年省级电子商务专项资金支持项目、2012年度“广货网上行”活动市场主体奖励资金支持项目，共申报电子商务资金项目7项，项目总投资4000万元；同时，申报“广货网上行”活动市场主体奖励项目8项。通过争取省级财政资金支持，进一步调动广大电商企业大力发展电子商务的积极性。

4. 加快推进梅州电子商务产业园建设，积极培育发展一批电商龙头骨干企业

推进梅州电子商务产业园规划建设，积极引进一批电子商务企业入驻园区，打造高端电子商务科技孵化园。积极开展电子商务宣传培训工作，努力寻求与嘉应学院成立电子商务学院，培育电商发展人才。引导一批电商龙头骨干企业加大资金投入，打造具有梅州特色的电商服务平台。

5. 成立电子商务领导小组，切实加强电子商务工作领导

根据《梅州市人民政府办公室关于加快发展电子商务的实施意见》（梅市府办〔2013〕19 号）要求，梅州市成立了由市政府主要领导为组长，各县（市、区）人民政府、市直有关单位分管领导为成员的"梅州市加快发展电子商务领导小组"，协调解决电子商务发展中存在的问题和困难。加强行业指导服务，拟成立梅州市电子商务协会。

6. 深入开展"广货网上行"活动，大力普及和深化电子商务应用

持续推进"广货网上行"活动，大力推介梅州市电子商务平台、网上商城和广货网店，推动万家名优企业应用电子商务"上网触电"，提升电子商务交易规模和影响力。积极支持梅州市制造业、传统商贸业、中小微企业发展和应用电子商务，不断拓展电子商务应用领域。

B.18

潮州：整合资源，完善电子商务产业环境

摘　要：

潮州市电子商务发展起步较晚，现在正处于总体规划、全力推进的建设初期。2012 年潮州有 1 家商城、11 家网店、110 家企业参与了“广货网上行”活动，电子商务应用已初步渗透。潮州市要整合资源，完善产业发展的政策机制和发展环境，提升电子商务发展层次。

关键词：

潮州　整合资源　电子商务

电子商务正以前所未有的速度迅猛发展，已经成为主要发达国家增强经济竞争实力、赢得全球资源配置优势的有效手段。抓住机遇，加快发展电子商务，是贯彻落实科学发展观，以信息化带动工业化、以工业化促进信息化，走新型工业化道路的客观要求和必然选择。广东省电子商务发展处于全国前列，2012 年电子商务交易额达 1.5 万亿元，居全国首位，但潮州仍是电子商务发展相对落后的地区，如何整合现有资源，积极谋划电子商务产业发展，全面完成“十二五”规划，是当前面临的迫切任务。

一　潮州市电子商务发展现状

近年来，电子商务在全国发展迅速，而当前潮州市电子商务还处于起步阶段。潮州市委、市政府高度重视，把电子商务作为加快经济转型升级、推进创业创新、提升区域竞争力的优先产业来培育，营造出具有自身特色的优势。

1. 潮州市电子商务基本情况

2012 年，潮州市共有 1 个商城、11 家网店、110 家企业参加“广货网上行”活动。截至 2013 年 8 月 1 日，潮州市在阿里巴巴登记注册的企业共有 14912 家；在天猫和淘宝网查询到的潮州网店约有 6285 家，其中，从事“日用/工艺陶瓷”和“卫浴类”销售的店铺共有 2997 家（约占 47.68%），销售潮州特色商品的店铺共有 4037 家（约占 64.23%），销售“男装、女装、童装”等 8 个淘宝热门商品的店铺总数仅 1039 家（约占 16.53%）。可见，潮州市电子商务行业呈现区域经济特色。

2. 潮州市物流服务业基本情况

物流服务与电子商务是相互关联的共同体，良好的物流服务有利于促进电子商务发展，电子商务的发展将促进物流服务的全面升级。另外，由于目前暂无地区电子商务的有效统计方法，只能用物流服务业的发展状况直接反映潮州市电子商务发展的现状。据统计，目前，潮州市在工商部门登记注册的交通、运输、仓储及邮政业的企业有 537 家，其中物流企业 59 家，物流配送中心 5 家，大型货运站场 2 个。

3. 潮州市电子商务的特点

潮州区域经济特色鲜明，陶瓷、服装、食品、电子、不锈钢、塑料制品、印刷包装和水族机电八大支柱产业是拉动全市工业增长的主要力量。目前，潮州市90%以上的中小企业接入了互联网，其中50%以上的企业建立了自己的网页甚至门户网站，为潮州市电子商务的蓬勃兴起打下了坚实的基础。从潮州市电子商务的发展情况来看，主要表现为三个方面的特点：一是市场基础逐步完善。宽带互联网络、手机GPRS网络及3G网络的建成使用，中小物流速递配套设施的快速发展，各级政府相关扶持政策的出台，为潮州市电子商务的发展提供了良好的运行平台和广阔的发展空间。二是无形市场悄然兴起。在网购风靡的潮州市场，网上商店的开办也风起云涌，如潮州市创佳电子有限公司2012年在天猫、淘宝网、亚马逊中国、拍拍网、京东商城等开设的网店的销售额达30126万元，雅士利天猫官方网店的2012年销售额为1500多万元，中国陶瓷企业网、潮邮网、翼购网等网上市场纷纷出现，生机勃勃。潮州市的电子商务市场开始从稚嫩走向成熟。三是第三方服务平台锋芒初露。2004年建立的亚洲国际贸易网，是潮州市最早建立的B2B电子商务平台，依托先进的网络平台及搜索技术，为中小企业搭建诚信的供求信息对接平台和提供全方位的商务资讯服务，年营业额为2000多万元。数万家企业每天通过亚洲国际贸易网发布供应、采购、招标、代理等重要信息，诸多供应商通过这里完成了交易的前期工作，并获得了来自采购者的长期采购订单。亚洲国际贸易网电子商务平台的全面推广，引导和鼓励了一批有实力、有影响的重点企业应用电子商务交易，一部分企业已经实现了在线销售和在线支付，大大提高了交易效率，降低了交易成本，使信息流、商流、资金流、物流在网上实现了顺畅流动。

二　发展潮州市电子商务的主要做法

2013年以来，潮州市在推动电子商务发展上主要抓了以下几方面工作。

1. 开展全市性电子商务普查

2013年5月，为了解全市企业开展电子商务的状况，潮州开展了为期一个多月的全市性电子商务普查，主要采取抽样式调查的方式，向潮州市八大支柱产业的企业发放调查问卷400份。这一举措为今后全市电子商务发展提供了决策依据。

2. 成立行业协会，壮大网商队伍

潮州市电子商务尚处在起步阶段，为利用协会把潮州市的电子商务做强做大，相关部门积极引导潮州市软件与信息服务行业协会发展电子商务会员，协助协会更名为潮州市电子商务与软件信息行业协会，并增设电子商务专业委员会，进一步推动潮州市传统产业利用电子商务这一创新模式转型升级，为潮州的经济发展注入信息科技活力。

3. 在展会中融入电子商务，引导企业“触电”

利用潮州市举办首届潮州国际陶瓷交易会的契机，在展销会上融入电子商务，创新办展模式，引导企业“触电”。一是潮州市与环球市场缔结战略合作协议，在2012年启动“潮州市百家陶瓷优质制造企业触电领航工程”的基础上，积极搭建首届潮州国际陶瓷交易会专题子网和飞飞家居商城潮州陶交会专题子页，开展全球性的潮州国际陶瓷交易会宣传活动，加速推进潮州陶瓷国际化。同时，借助此平台向企业宣传GMC新广货标志认证工作，帮助潮州市优质制造企业获得GMC优质制造商审核认证和GMC新广货标志。二是筹建潮州国际陶瓷交易会网上交易平台（www.cictc.org.cn），实现企业产品展示、信息发布、交易等功能。三是设立电子商务体验专区，推动陶瓷行业电子商务的发展，这是潮州市办展以来第一次展会与电子商务牵手，包括陶瓷品牌展示、电商运营配套服务、网络分销等各种论坛活动。

4. 提升电子商务发展层次

一是积极实施名牌带动战略。鼓励企业走自主品牌的道路，按照“政府搭台，企业唱戏”的原则，借助中小微企业服务平台建设的契机，集中力量，集聚资源，在全市范围内继续开展“广货网上行”活动，树立常态化“广货网上行”活动，推动潮州市企业与电子商务平台对接，提高潮货市场占有率，打造电子商务品牌。二是培育行业电子商务标杆企业。积极引导各行业领域里具有一定规模及发展潜力的骨干企业建设电子商务服务平台，形成行业示范，推动集群经济整体技术水平发展。三是将电子商务纳入技术创新体系建设规划。以科技投入促进电子商务的大力发展，积极引导民间或企业投资联合共建电子商务技术创新平台。

三　潮州市电子商务发展存在的问题

1. 网络购物的普及程度不高

企业和消费者的电子商务意识不强严重制约着电子商务的发展。目前，大多数企业还只习惯于传统的展示和销售方式，对上网查询、展示企业和产品的工作重视不够、力度不大，部分企业虽有网站，但更新速度慢，造成浏览量少，成为摆设。

2. 物流与信息化基础依然滞后

电子商务的顺利发展离不开物流和信息化基础的进步和完善，这一点对潮州市的电子商务应用与发展尤其重要。潮州市的第三方物流配送和信息化普及还相对还比较滞后，目前比较有竞争力的电子商务物流企业主要以外来的企业为主，物流现代化水平和信息化水平需要大大提高。

3. 电子商务统计工作严重滞后

潮州市目前没有任何一个机构或组织对全市电子商务发展状况

进行定期的统计工作，导致无法全面、及时、准确地反映潮州市电子商务发展现状及水平，这使政府部门在制定针对性政策推动企业电子商务发展方面存在较大困难。

4. 电子商务人才匮乏

电子商务是新生事物，从理论上讲是一个边缘学科，发展电子商务需要跨学科领域的复合型人才，既要深谙计算机技术、网络知识等，又要掌握一定的商务管理知识。据潮州市电子商务调查，在企业开展电子商务中遇到的关键问题中，人才缺乏排名第一，不只是电子商务专业人才缺乏，管理人才也很缺乏。人才匮乏成为制约潮州市中小企业电子商务发展的瓶颈。

四　下一步工作计划

根据全市电子商务产业发展的形势，为做大做强电子商务产业，潮州将采取如下措施。

1. 优化产业发展环境

根据全市电子商务产业发展现状，抓紧制订电子商务产业发展规划，明确电子商务发展目标和任务。设立信息服务业创投基金，充分依托资本市场，积极培育创业风险投资市场，促进风投和民间资金投资电子商务项目。出台扶持电子商务产业发展的政策，不断完善政策体系，加大扶持力度，优化创业环境。

2. 加快产业集聚

建设集电子商务信息流、物流、资金流于一体的电子商务产业园区。重点引进一批互联网龙头企业、网商企业、物流配送企业、第三方支付企业，集聚发展电子商务的各类大型项目；积极引进全国知名的电子商务客服中心、呼叫中心和服务基地，拉长产业链，壮大产业规模。对于入园企业，在土地、税收、其他费用以及企业上市等诸多方面，参照工业企业的优惠政策给予扶持，不断提升潮州市电子商务产业的竞争优势。

3. 加强物流配套体系建设

整合现有物流信息资源，优化业务流程，加快建立物流信息网络。发展第三方物流，推进口岸物流建设，提高物流企业的社会化、组织化和信息化水平。整合、推进新型物流配送中心建设，提高现代物流基础设施与装备的使用效率和经济效益。

4. 加强人才培养

电子商务活动的每一个领域、每一个过程都离不开人才。在潮州市现在的电子商务活动中，不仅需要高新技术人员，而且需要大量的掌握现代信息技术和现代商贸理论与实务的复合型人才。因此，潮州将充分利用各种途径和手段培养、引进并合理使用好一批素质较高、层次合理、专业配套的网络、计算机及经营管理等方面的专业人才，加快电子商务建设步伐。同时，鼓励教育部门向学生普及网络知识，选派人员到计算机院校跟班学习，从而培养高素质的复合型人才，以适应电子商务发展的需要。

5. 营造良好的舆论氛围

要充分利用各种媒体、媒介，大力宣传潮州市电子商务发展的基础优势，宣传最新出台的优惠扶持政策，引导和鼓励广大消费者学习掌握电子商务知识，积极参与电子商务活动。大力普及电子商务知识，实施电子商务普及工程，推广成功经验和典型案例。鼓励企业探索新模式，依法、依规发展电子商务。大力宣传做大做强电子商务产业的重要意义，形成社会各界、相关经济主体关心、支持和主动参与提升潮州市电子商务产业的良好氛围。

B.19

湛江：营造发展氛围，做大做强电子商务

摘　要：

随着经济社会的发展，湛江市电子商务应用不断深化。2012 年，全市电子商务交易额约为 16 亿元，占全市社会消费品零售总额的 1.78%。电子商务的发展推动了湛江市内外贸易的融合发展，电子商务产业发展氛围浓厚，产业规模不断扩大。湛江市将不断扶持、推动电子商务发展，做大做强电子商务。

关键词：

湛江　电子商务　应用　深化

近年来，随着湛江市经济发展和消费需求的快速增长，湛江市流通业的建设规模、流通方式都发生了变化，特别是随着企业信息化的建设和发展，企业电子商务应用得到不断深化，给湛江市的流通业带来了新的发展动力。

一　发展现状

1. 电子商务呈现良好发展势头

2012 年，全市累计实现社会消费品零售总额 899.5 亿元，同

比增长12.1%。据不完全统计，全市电子商务交易额约为16亿元，占社会消费品零售总额的1.78%。

2. 电子商务推动内外贸易融合发展

一批工贸企业通过阿里巴巴、环球国际、中国制造网等网站将国际贸易和国内贸易集中在电子商务平台上，大大提升了企业拓展市场的能力。廉江市通过“荔枝网”“茶叶网”“家电网”“花卉网”“畜牧业网”“辣椒网”“红橙网”等专业网络，将特色产品销往欧洲、美国、加拿大、中东地区；近年农副产品通过互联网销售额达10亿元，创汇达1000万美元。霞山区特呈岛深水网箱养殖合作社通过网络，使90%的渔业产品销到日本等地。麻章区利用网络销售产品，成交额高达100万元，占年总交易额的30%。

3. 电子商务网站、平台建设初见成效

霞山区的“水产品批发市场网”对外发布各类农（渔）业信息，全区的农（海）产品、土特产品利用网络走出湛江，走向了世界。麻章区的花卉专业网站，发布农业科学技术信息及花卉、辣椒等农产品供求信息和市场动态，指导农业生产、产品销售。廉江市的农业综合信息服务系统平台有效地解决了农民农产品销售不畅、农民增产不增收等问题，经济效益显著；至今，该平台会员人数达10万，信息量约130万条；该市50%的农民学会上网查询、发布信息，农产品上网发布率已经达60%。

4. 电子商务应用不断深化

行业与电子商务的融合越发紧密，企业对电子商务理念的认可度不断提高。涌现出了以湛江鹤湖信息科技有限公司、广东金岭糖业集团有限公司、湛江鸿智电器有限公司、湛绿农业科技开发有限公司、湛江市新诺电器有限公司和广东茗皇茶业有限公司等为代表的一批电子商务应用企业。

二　采取的措施

为积极推动湛江市电子商务发展、促进网络经济与实体经济深度融合，湛江市高度重视这一新兴产业。2012 年以来，湛江采取了一系列措施积极推动全市电子商务发展。

1. 积极开展“广货网上行”活动，推进电子商务示范工程

根据《广东省人民政府关于印发 2012 年广货网上行活动总体方案的通知》（粤府明电〔2012〕41 号）要求，湛江市经信局领导高度重视，为切实组织开展好“广货网上行”活动，召开了专题工作会议研究部署活动相关事宜，积极发动企业参与“广货网上行”活动。湛江市共发动 1 家网店、236 家企业参与“广货网上行”活动，并组织湛江市制造企业和位居 B2B 电子商务全国十强的环球市场集团进行网上对接活动。目前，已有 14 家企业和环球市场集团成功对接。

2. 加大政策扶持力度，推进电子商务和物流业发展

2012 年，市财政安排商贸流通发展专项资金项目 11 项。其中，电子商务发展专题 4 项，物流业发展专题 1 项，重点流通项目建设专题 3 项。

2013 年 6 月 19 日，市经信局向省经信委推荐湛江市霞山水产品批发市场有限公司、湛江市霞山昌大昌超级购物广场有限公司、广东鸿基羽绒制品有限公司等 6 个单位申报 2013 年省级电子商务专项资金支持项目，争取省财政资金扶持。

3. 举办电子商务企业培训班，开展电子商务平台和企业对接活动

2013 年 2 月 26 日，市经信局联合广东省电子商务协会举办了湛江市电子商务（企业）培训暨电子商务平台和企业对接会，市直属单位和各县（市、区）企业负责人近200人参会。会议邀请了华南师范大学邓顺国教授和广州网盈机构CEO鞠凌云博士进行了主题演讲。现场还设立了电商平台对接洽谈区，邀请了腾讯科技（深圳）有限公司、环球市场集团等6家知名电子商务平台和湛江市的工商企业进行交流对接，其中与会的60多家企业与电子商务平台初步达成了合作意向。参会代表及企业负责人普遍认为，听完讲座后收获很大，充分认识到电子商务已经不是“要不要做的抉择”，而是“怎么做”的策略，电子商务应用意识得到了进一步提高，对促进湛江市电子商务应用起到了较好的作用。

三　存在的问题

虽然湛江市电子商务得到了一定发展，但还存在以下问题。

1. 电子商务应用意识不强

目前，湛江市企业的信息化意识普遍不强，没有真正认识到电子商务的作用，在人力、物力和财力等方面投入较少，严重阻碍了电子商务的发展。部分企业已经建立了独立域名的企业网站，但主要用于展示企业形象，对电子商务的应用只处于初级阶段。

2. 电子商务应用方式落后

目前，湛江市的电子商务平台主要提供产品价格行情、产品供需情况、产品信息发布等，只能起到一种信息交流的作用，产品交易还是传统的线下交易模式，普遍只是简单地依托“网站+电子邮件（或即时通信软件）”的方式进行商务活动，尚处于网上商店和门户的初级形态，未真正形成线上交易模式。

3. 发展电子商务资金投入不足

湛江市工业商贸企业大多数为中小企业，中小企业的成长需要源源不断的资金支持。但是中小企业自身规模较小，融资难度大，自有发展资金极为有限，企业投入信息化系统需要大量资金，资金不足制约着中小企业电子商务的应用与发展。

4. 电子商务人才紧缺

电子商务作为一个新兴产业，其建设发展对专业技术人才知识结构的更新和业务水平的提升提出了更高的要求，由于受制于工资和待遇水平等因素，湛江市引进和留住复合型的电商技术人才比较困难。

B.20

惠州：提升电商应用水平，引导行业健康发展

摘　要：

近年来，惠州市电子商务交易额保持每年30%的增速，2012年突破600亿元，电子商务不断普及和深化。网商贸易活动日趋活跃，形成了区域品牌效应，2012年8～11月参加“广货网上行”活动的27家企业网上交易总额超过6亿元。惠州市出台了一系列扶持电子商务有序健康发展的投融资、税收、土地、人才等相关配套政策和措施，不断推进示范企业建设工作，建设电子商务服务中心，引领行业健康发展。

关键词：

惠州　电子商务　示范企业　服务中心

一　惠州市电子商务发展现状

1. 电子商务发展规模迅速扩大

近年来，惠州市电子商务交易额保持每年30%的速度递增，2012年突破600亿元，全面加强了与阿里巴巴、淘宝网、腾讯、亚马逊中国等主流电商平台的战略合作，显著提升了电子商务建设和运行水平，实现了为重点行业和企业发展降本增效。目前，惠州市中小企业在惠州网上展销平台实现注册的有近18.6万家，其中

活跃网商数为4459家，网络浏览量达7500万次，产品有47万多种；大型企业网络购销比重逐年上升，电子商务已成为现代商品流通的重要手段和方式。

2. 电子商务不断普及和深化

惠州市形成了一批电子商务应用示范企业，TCL、德赛、华阳、真维斯、富绅、金易、音平等一大批公司积极开展电子商务。例如，TCL电子商务中心的2012年网上交易销售额近20亿元，液晶电视在淘宝彩电类商品中的成交额排名第一，大家电在京东商城国产品牌商品中的销售额排名第一；真维斯的年网上销售额超过3亿元，稳居淘宝网休闲服类商品销售头名。同时，集中在消费电子、女鞋、服装、礼品工艺品等传统优势领域，涌现出了惠州产品网上展销会、音平商城、酷尾巴网上商城、集送商城、龙门农民画移动电子商务平台等一批具备一定规模的行业电子商务平台。

3. 网络购销活跃度稳步提升

2012年，惠州市网民在网购方面的参与积极性远高于全国平均水平。在网络购物方面，2012年，惠州市每百人互联网网上购物人数为48人，高出全国平均水平5.1个百分点，比2011年的25.86人增长22.14人。网民团购使用率达17.7%，网民网上银行的使用率为38%，网上支付的使用率为39.2%。这一方面反映出惠州市网购消费者信心的增加，另一方面反映了惠州市电子商务的规范化发展卓有成效。

4. 电子商务知名度显著增强

惠州市进入网商发展指数全国50强，女装/女士精品、女鞋行业店铺数占淘宝网相关行业店铺总数的20%，汽配及汽车用品、家装主材、3C数码配件等行业店铺数也进入了前5名的水平。自“广货网上行”活动启动以来，惠州市有三批共27家企业（其中包括5家商城、22家网店）通过省“广货网上行”活动组委会审查并公示，大大提高了惠州市电子商务的知名度，为后续电子商务发展奠定了坚实的基础。据统计，2012年8~11月参加“广货网上行”活动的27家企业网上交易总额超过6亿元。

二 开展的主要工作

1. 加大政策和资金支持，推进电子商务发展

加强产业指导，加大政策和资金支持，为惠州市电子商务有序健康发展营造良好环境。一是进一步完善电子商务发展政策体系，出台了《关于加快发展电子商务的意见》（惠府办〔2013〕38号）、《关于大力推进信息化应用的若干意见》（惠市经信函〔2013〕207号）等一系列扶持电子商务有序健康发展的投融资、税收、土地、人才等相关配套政策和措施。二是组织企业申报电子商务示范企业，推动真维斯获评商务部2013~2014年度电子商务示范企业。三是编制电子商务发展规划，积极编制《惠州市电子商务发展规划（2013~2020年）》，统筹引导惠州市现代信息服务业发展专项资金项目等，重点向电子商务倾斜。

2. 建设电子商务服务中心，引导行业健康发展

根据惠州市政府十一届二十次常务委员会会议精神，经广泛调研，充分探讨论证，确定了惠州市电子商务服务中心“五心一站”的建设模式。2013年3月27日，惠州市电子商务服务中心（以下简称“服务中心”）和惠州市电子商务协会（以下简称“协会”）正式成立。目前，协会共有会员企业61家，服务中心引进了深圳新网策、红火网等15家专业优质服务商，为惠州市企业开展电子商务相关培训、营销服务（商务营销）等服务，将有效提升惠州市企业电子商务的运营能力。一是加快推进网上展销平台升级工作。启动网上展销平台的升级工作，于2013年10月完成。届时，可实现惠州产品在淘宝网、天猫、拍拍网、京东商城、当当网等主流电商平台的全网营销。二是加快推进电子商务公共仓储物流服务站建设。公共仓储物流服务站将建设成集运营管理、下单、仓储、配送于一体的专业服务站。三是加快组建惠州市电子商务专家委员会。多渠道发动业界组织推荐专家名单，组建成员约20名的专家委员会，定期为企业提供专家指导咨询服务，把脉全市电子商务的发展。四是开展形式丰富多样的行业活动。一方面，服务中心和协会组织了一批会员企业参加惠州市2013年高技能人才就业招聘会，有效帮助本地企业解决电子商务人才紧缺问题；组织相关人员前往深圳、东莞等地进行交流，学习其先进经验，拓展服务思路；先后拜访了省网商协会、省电子商务协会、博罗县园洲纺织服装行业协会、拾陆时尚等，并邀请淘宝网华南区B2C数据化运营专家“淘宝小二玄都”逐一上门为睡冬宝、真维斯、雷士、华阳集团等多家惠州制造型企业提供电子商务诊断服务。另一方面，大力开展电子商务培训活动，先后举办了电子商务专题讲座、电子商务综合营销培训班、B2C数据化运营沙龙等5场培训活动，累计吸引了超过550人次参加培训；推动惠州成为淘宝“淘拍档”合作模式首站，华阳集团、睡冬宝公司、富绅公司、海纳农业公司等13家企业成为“淘拍档”合作伙伴；2013年8月8日，惠州市联合广东省网商协会和亚马逊中国共同主办了“广货通天下——2013 3C数码、家居日化类电子商务产业合作大会”，全球最大的电子商务公司亚马逊中国、广东知名网商、优秀的电商服务商、行业专家与惠州近100家3C数码、家居日化类生产企业欢聚一堂，共同探讨交流如何帮助传统企业解决开展电子商务过程中遇到的难题，促进传统3C数码、家居日化类服务业转型升级。

B.21

云浮：推动电子商务应用，加强人才培养

摘　要：

云浮市属于山区市，电子商务起步较晚，正处在起步阶段。目前，基本的电子商务形态和应用已经在云浮市形成和展开，但电子商务企业的数量和规模都较少，电子商务的成长空间巨大。云浮市将加大力度推动电子商务的推广和宣传工作，完善电子商务支撑产业建设，加强人才培养，促进电子商务产业健康发展。

关键词：

云浮　电子商务　应用　创新

一　总体情况

1. 发展现状

云浮市属于山区市，电子商务起步较晚，正处在起步阶段，部分企业已利用网络做广告、提供商情或者传递电子文档合同，有的企业已利用互联网进行实时交流、网上商务谈判，他们已意识到利用先进的电子信息技术进行电子商务活动比较方便、快捷、节省成本。但是，企业信息化的水平整体上还比较低，大部分企业没有采用信息系统和开展电子商务，仍采用电话、传真或者和客户面对面

洽谈等传统方法，收送货物大多由企业自行解决，欠缺电子物流。在本地发展起的较好的电子商务企业不多，只有云浮市阿门网络科技有限公司、云浮市阿拉丁信息科技有限公司、云浮宅里活电子商务有限公司。

2. 发展环境

在云浮市的企业中，大部分企业已经拥有计算机，并将计算机应用到日常工作之中，但是除了简单的文书、打印、财务处理外，很少有其他应用。电子商务是以完善的通信网络为基础的，云浮市的电信网络覆盖率已经在90%以上，并且拥有成熟的通信网络。大部分企业采用宽带上网，可以满足电子商务交易平台数据交换的要求，这为电子商务的发展创造了良好的环境。

二　扶持和发展电子商务产业的措施

从2012年开始，为支持和鼓励云浮市电子商务企业的发展，云浮市经信局积极组织企业申报电子商务的有关项目，如“广货网上行”、现代服务业项目等。2012年，在“广货网上行”活动中，云浮市组织推荐的云浮市阿门网络科技有限公司——石汇网B2B平台、云浮宅里活信息科技有限公司——“宅里活”O2O + B2C商城、广东凌丰集团销售有限公司——京东凌丰旗舰店，分别入选择“广货网上行”的电商平台、网上商城、广货网店。

云浮宅里活信息科技有限公司——“宅里活”O2O + B2C商城和云浮市阿拉丁信息科技有限公司——云浮市石材产业集群物流公共信息服务平台各获得省级现代服务业发展引导专项资金100万元，共计200万元。

2013年，云浮市推荐云浮市阿门网络科技有限公司和云浮宅里活信息科技有限公司申报省电子商务示范企业（省暂未公示）；推荐云浮市阿门网络科技有限公司、云浮宅里活信息科技有限公司、广东凌丰集团销售有限公司、广东十二岭酒业有限公司、罗定市粮食储备管理中心白荷直属仓库共五个企业申报2013年省级电子商务专项资金。

三 存在问题

1. 电子商务发展仍处于初级阶段

在发达地区，电子商务在日常经济活动中占据了重要位置，与发达地区相比，云浮市企业电子商务发展大多处于初级阶段，难以形成有效的市场竞争力和适合产业发展的上下游产业链，在一定程度上成为云浮市电子商务产业发展的瓶颈。另外，云浮市电子商务应用覆盖面和渗透率不高，无论是开展电子商务的企业比例、行业性公共服务平台的数量，还是客户分布数量，均较少。电子商务作为一个快速发展的新兴业态，产生了很多新的现象和问题，目前的政策体系大多基于实体经济制定，缺乏对网络经济发展的适应。此外，还存在社会化信用体系不健全、市场上假冒伪劣商品屡禁不止、交易行为缺乏必要的自律和严厉的社会监督等问题。

2. 企业应用电子商务的意识不强，传统观念影响较深

发展电子商务，最终必须依靠广大企业。能否调动企业的积极性，是云浮市电子商务能否取得快速发展的前提条件。但是，目前一些企业甚至骨干企业对发展电子商务的重视程度不够，往往单纯根据短期的投入产出比来决定是否在企业信息化和电子商务方面进行投入。有些企业的确在积极参与电子商务活动，建立了企业门户网站，并成为阿里巴巴、淘宝网、拉手网等行业电子商务网站成员，但是经过一段时间后，企业就会发现，它们花费大量人力和财力建设的电子商务体系并没有带来预期的收益，建设的门户网站闲置现象严重。因此，部分企业参与电子商务的积极性受到极大挫伤，对电子商务丧失信心，慢慢回到传统模式。

3. 网络交易平台和物流配送系统不配套

电子商务的顺利发展离不开物流和信息化基础的进步和完善，由于没有一个配套、便捷的物流配送系统，从事电子商务往往存在时间周期过长、环节较多等问题，比不上现场交易快捷和有效，这在一定程度上成了云浮市电子商务发展的瓶颈。目前，云浮市物流配送和信息化产业正处在发展的初期，发展相对还比较滞后。

4. 缺乏电子商务发展资金和人才

由于云浮市的经济欠发达，难以投入充足的资金发展电子商务，另外，工资水平不高，难以吸引电子商务专业人才。

四　“十二五”期间电子商务发展的主要思路和举措

1. 主要思路

按照科学发展观的要求，紧紧围绕转变经济增长方式、提高综合竞争力的中心任务，实行体制创新，着力营造电子商务发展的良好环境，积极推进企业信息化建设，推广电子商务应用，加速国民经济和社会信息化进程，实施跨越式发展战略。

2. 主要举措

一是加大电子商务宣传力度。充分利用各种媒体，采用多种形式，加强电子商务的宣传、知识普及和安全教育工作，强化守法、诚信、自律观念的引导和宣传教育，提高社会各界对发展电子商务重要性的认识。

二是充分发挥龙头企业在电子商务应用中的带动作用，以产业链为基础，以供应链为重点，整合上下游关联企业的相关资源，实现企业与企业间业务流程的融合和信息系统的互联互通，推动关联企业的电子商务应用。

三是推进云浮市企业信息化建设。企业信息化是电子商务的基础，以提升企业信息化水平为目标，结合企业业务流程和组织结构的重组与优化，加强信息技术基础应用，提高企业的市场反应能力、科学决策水平和经济效益。

四是支持中小微企电子商务应用。提高中小微企业对电子商务重要性的认识，鼓励中小微企积极运用第三方电子商务服务平台开展在线销售、采购等生产经营活动，促进中小微企应用电子商务，提高商务效率，降低在投资、技术等方面的风险和交易成本，提高生产经营和流通效率。

五是创新培养方式，加强电子商务人才培养。充分利用各种途径和手段培养、引进并合理使用好一批素质较高、层次合理、专业配套的网络、计算机及经营管理专业人才。积极探索电子商务人才教育深层次的产学结合模式，培养适应时代需求的综合性人才。鼓励社会教育机构参与电子商务人才培养，加强高级电子商务人才引进工作。

案　例　篇

Reports on Case Studies

B.22

勇于创新，悦动生活

——腾讯电商控股公司

（一）基本情况

1. 腾讯电商控股公司的发展历程

2012 年 5 月 18 日，腾讯公司正式宣布成立腾讯电商控股公司（以下简称“腾讯电商”）。腾讯电商由拍拍网、QQ 商城、QQ 网购三部分组成。

早在 2006 年，腾讯公司便开始布局电子商务发展战略，成立拍拍网。2008 年，腾讯公司启动 B2B2C 平台——QQ 商城。2010 年，腾讯公司将电子商务并入社交网络系统，探索电子商务与社会性网络服务（SNS）的融合。2011 年，腾讯公司启动新一代 B2C 开放平台——QQ 网购。2012 年，腾讯投入 10 亿美元独立运营电子商务业务，腾讯电商实现控股易迅网，确立“自营 + 开放平台”战略布局。2013 年，QQ 商城全面升级为 QQ 网购。

2. 腾讯电商的服务

腾讯电商发展十分迅速，腾讯财务报告显示，截至 2012 年 12 月底，腾讯电商电子商务交易全年收入为 44.27 亿元，毛利率为 2.35 亿元。其中，2012 年第四季度为 16.83 亿元，较同年第三季度的 11.33 亿元出现大幅增长，占总收入的比例上升至 13.8%。

腾讯电商的业务共分为四类：实物产品、虚拟服务、数字音乐和生活服务（见图 1）。

实物产品，腾讯电商的实物产品业务由易迅网（B2C）、QQ 网购（B2C）以及拍拍网（C2C）三个平台实现，产品种类丰富，平

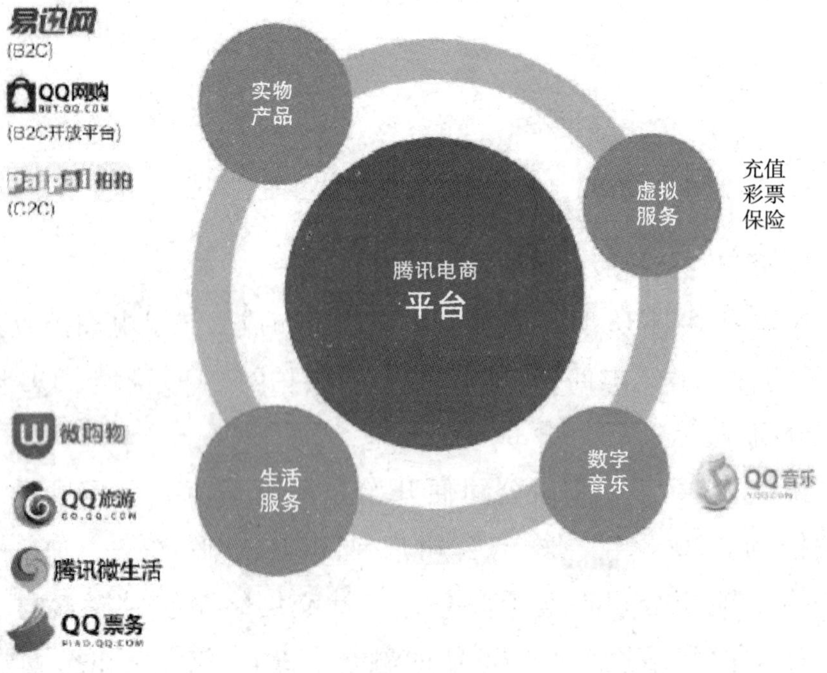

图 1　腾讯电商业务范围

台商家信誉稳步提升。

虚拟服务，腾讯的虚拟服务主要包括充值、彩票和保险买卖。

数字音乐，主要是QQ音乐平台上的产品服务买卖。

生活服务，主要包括微购物、QQ旅游、腾讯微生活、QQ票务等服务业务。

3. 腾讯电商的战略布局

腾讯电商的战略布局是打造电子商务生态体系，建立以易迅网、QQ商城、拍拍网为主体的核心生态系统，建设涵盖生活电商、虚拟电商和数字音乐的泛电商生态系统（见图2）。

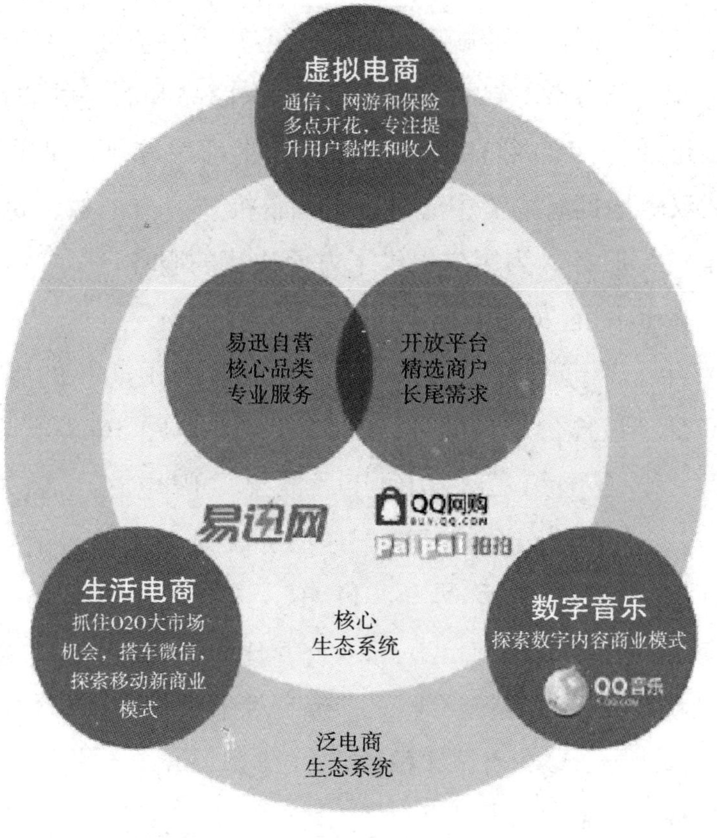

图2　腾讯电商的战略布局

（二）腾讯电商的业务平台

1. 易迅网

易迅网是新一代的专业电子商务消费服务网站。该平台利用强大的全球化集约采购优势、丰富的电子商务管理服务经验及最先进的互联网技术，为广大用户提供最新、最好的3C产品、家居家电、汽车用品、服饰鞋类等时尚精品。

（1）正品保障+“闪电送”

易迅网秉承平价理念，坚持平价策略，把实惠留给客户；坚持服务的高标准，用一流的高标准作为易迅网运营指标；坚持诚信共赢的信条，坚持诚信，兼顾社会利益（客户、供应商、政府、社会、合作伙伴）。易迅网精选网商和商品，确保商品和服务的质量。易迅网建立了迅速稳定的自有物流体系，在上海、深圳、北京、重庆、西安、武汉等地拥有物流中心，在全国首推“一日三送，晚间配送”的“闪电送”服务，为用户提供了方便快捷的服务。

（2）易迅网的发展历程

2006年，易迅网成立，创建了“超越客户预期”的服务理念，让客户享受到最佳价值与服务。2009年，易迅网3C类产品业务位列华东第一、全国第三。2010年，推出“闪电送”服务，首创“一日三送，晚间配送”的精准配送服务，易迅网获得了“中国网上零售诚信品牌百强”称号。2011年，进行了全国化布局，建立了6大仓储中心。2012年，易迅网公开比价，保证诚信。2013年，推出“贵就赔，价格保护，七日退换”等七大服务保障体系。

2. 开放平台：QQ商城和拍拍网

（1）QQ商城

QQ商城于2010年3月22日由“QQ会员官方店”升级而来。

目前，QQ 商城已网罗了包括 Pierre Cardin、CK、Jack Jones、Estée Lauder 和 Disney 等近 200 家知名品牌。

（2）拍拍网

拍拍网是大型的知名网络零售商，致力于打造全球领先的网络零售商圈。2005 年 9 月 12 日拍拍网上线，2006 年 3 月 13 日正式运营。据 Alexa 公布的数据，拍拍网运营满 100 天就已进入“全球网站流量排名”前 500 强，创下了电子商务网站进入全球网站 500 强的最短时间纪录。

3. 虚拟电商

腾讯电商的虚拟电商服务主要包括话费充值、游戏充值、QQ 彩票、QQ 车险和便民服务等（见图 3）。

图 3　腾讯虚拟电商

4. 腾讯 O2O 服务

一是聚焦于为本地商家提供 O2O 解决方案。基于腾讯丰富的产品线，为本地商家提供 O2O 解决方案；致力于联结线下商户与腾讯超过 6 亿的用户群，帮助企业建立客户管理系统和新型线上推广方式。

二是 O2O 业务与微信强强联合。建立会员管理系统，通过微信发行虚拟会员卡，帮助商家通过微信与客户建立联系，发展新的顾客管理系统。建立沟通和服务平台，利用微信富媒体能力建立沟通交流平台，帮助商家提供线上推广和客户服务的效率。建立 O2O 电商平台，提供在线预订、购买和充值等服务，帮助商家增加收入。

5. 数字音乐

QQ 音乐是腾讯公司推出的网络音乐平台，是中国互联网领域领先的正版数字音乐服务的领先平台，同时也是一款免费的音乐播放器，始终走在音乐潮流最前端，向广大用户提供方便流畅的在线音乐和丰富多彩的音乐社区服务。其拥有海量乐库在线试听、卡拉 OK 歌词模式、最流行新歌在线首发、手机铃声下载和超好用音乐管理等功能，绿钻用户还可享受高品质音乐试听、正版音乐下载、免费空间背景音乐设置、MV 观看等特权。QQ 音乐的曲库量超 400 万首，签约公司近百家，曲库所收音乐 100% 正版。

B.23

世界标准，全球直销

——环球市场集团

（一）基本情况

环球市场集团，致力于建立全球最可信的国际电子商务平台，是中国高端电子商务第一品牌、广东省电子商务协会会长单位、国家首批电子商务示范企业。目前，环球市场集团已取得了一系列成绩：国家首批电子商务示范企业（2013年再次获得）、广东省电子商务示范企业、“广货网上行”首批认定十家平台企业、《财富》杂志评选的“卓越雇主——中国最适宜工作公司”、中国贸促会“高端B2B电子商务第一品牌”、中国电子商务协会“中国电子商务十年发展最具商业价值奖”、广东省最受欢迎电子商务服务商、CCTV年度最佳雇主、广州市电子商务十佳企业。集团总部位于广州，目前员工约1000人。集团一直专注于“让中国制造成为优质标志”的民族使命，建立“中国优质制造商”的世界标准——GMC标准，打造“中国制造国家队”和全球直销平台，帮助中国制造获取国际买家的信任，并获得更多的网上交易订单。2012年6月，集团在全球三大证券交易所之一的英国伦敦证券交易所成功上市（股票代码：GMC）。

集团旗下主要电商平台有以下两个。

1. 环球市场（www.globalmarket.com）——打造全球最大、最可信的M2B（制造商对买家）国际电商平台

环球市场目前拥有美的、维达、坚美铝材等遍布全国的2万家优质制造商会员，共200万种优质产品上线，预计2013年底将达到3万家制造商会员。同时，该平台拥有9个语言版本，汇聚了沃尔玛、飞利浦、通用电气、欧尚等108万家全球最优质的采购商会员，帮助中国优质制造商把产品畅销至世界每个角落（见图1）。环球市场整合了六大营销方案，包括GMC群体品牌营销、网络营销、全球展会营销、Like（来客）社交平台营销、定向市场开发及采购会营销。

图1　环球市场页面

2. 飞飞商城（www. feifei. com）——中国首个M2C（制造商对消费者）厂家直销商城

飞飞商城创造性地建立了M2C中国外贸厂商直销平台，它定位于“国际品质，厂价直销”，要求进驻制造商均达到GMC标准。通过建立飞飞质量检测中心，同时确保所有的产品以欧盟标准进行抽检，让每位消费者收获高品质及高保障购物体验，平台未来5年的目标是帮助数万家优质的制造商完成外贸转内销。其优势主要表现在三方面：①GMC审核让质量更有保障；②厂家直销省去一切中间商，价格更便宜；③平台统一由集团代运营，运营成本更低，服务更规范、更让人放心（见图2）。

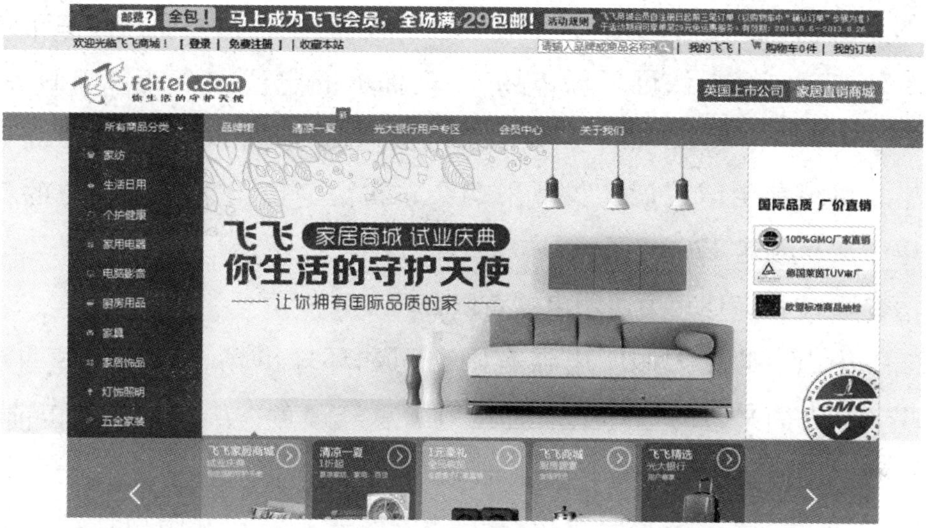

图2　飞飞商城页面

（二）世界级的管理团队

加雷思·布洛克，全球三大零售巨头之一 TESCO 乐购的董事，任集团董事。

全国珊，全球500强家居连锁巨头家得宝的前中国总裁，任 M2C 直销平台董事长。

杰克·韦尔奇，全球第一 CEO，前通用电气 CEO，任 GMC 管理顾问。

菲利普·科特勒，世界“营销学之父”，任 GMC 全球首席营销顾问。

（三）环球市场客户成功案例

1. 佛山市顺德区海伦宝电器有限公司

佛山市顺德区海伦宝电器有限公司是容桂一家主要制造空调扇

的企业，80%的产品出口，以东南亚市场为主，迄今已与环球市场合作4年，特别认可环球市场GMC标准的定位和全球营销服务。如在2012年外贸寒冬中，海伦宝电器通过环球市场国际电子商务平台，结合全球巡展、线下采购会，获得一位马来西亚客户的订单，交易额逾1200万元。

2. 中山市迪克力照明电器有限公司

中山市迪克力照明电器有限公司和环球市场合作已经超过6年，在电商平台的选择上，迪克力副总经理黄秀娟表示：我以前、现在、以后都只用环球市场。迪克力对环球市场的买家见面会非常认可，每年通过该平台可以认识多位优质买家，其中包括德国伯曼、印尼ACE等。2012年，通过平台和见面会等渠道，迪克力获得的订单总额就逾1000万元。

（四）独一无二的商业模式：世界标准，全球直销

1. 世界标准GMC

环球市场集团是中国唯一一家对入网制造商设门槛、设标准的电子商务公司。所有申请进入环球市场和飞飞商城的制造企业，必须通过GMC优质制造商标准审核，审核交由全球权威的认证机构如德国莱茵TüV和美国UL进行第三方审核，成功获得GMC优质制造商标准认证后，企业才可获得进入环球市场和飞飞商城的资格。

GMC标准始创于2005年，集团联合2万名国际优质买家，创造性地提出了包括创新、质量和社会责任在内的GMC八大内容，定下了优质的门槛，为平台声誉、中国制造声誉和国家声誉保驾护航。经过不断完善和推广，GMC已成为制造商发展的标杆，成为国际优质买家在华采购的共同标准。同时，经工信部及广东省政府

委托，GMC 更已成为广东省的新广货标准，负责管理和运营新广货品牌。表 1 为 GMC 标准及 GMC 新广货标准的八大核心标准（八大标准中包含了超过 50 项的评审细则）。

表 1　GMC 审核标准

标准	GMC 标准	GMC 新广货标准
真正制造商	拥有自己的厂房或租赁厂房，或经营自有品牌（必须拥有品牌或注册自主商标，并拥有自主出口权）	拥有自己的工厂，经营自主品牌
生产优质产品的能力	拥有 ISO 9000 认证或有效的总体质量控制体系，并拥有出口产品认证或具备有效监控生产过程的总体质量控制；拥有有效的验货流程；具备严格甄选、管理优质供应商的能力	拥有有效的总体质量控制和保证体系，如拥有 ISO 9001 认证、出口或国内产品认证、产品性能测试报告等
工厂规模	自有工厂年产能超过 500 万美元，或年出口额超过 250 万美元，或自主品牌年出口额超过 50 万美元	自有工厂年产值超过 1500 万元，或自主品牌年销售额超过 1000 万元
专业外贸团队及经验	拥有专业的外贸团队	拥有专业的营销团队或销售网络
产品研发能力	拥有专职产品研发团队	拥有专职研发人员和资源配置
社会环境责任	符合社会环境责任标准，如不能雇用童工等	符合企业社会责任相关标准要求，如环保达标、节能减排、健康与安全、不能雇用童工等
信誉/商誉	过往未发现重大商业欺诈行为并做出声明	守法、依规、诚信经营，如过往未发现重大商业欺诈行为并做出声明
OEM/ODM 经验/客户服务能力	拥有代工/原始设计制造（OEM/ODM）经验	拥有完善的服务机制，如符合国家质量三包承诺，拥有投诉及意见反馈处理的能力

2. 全球直销

首创全球直销模式，一步到位，通过环球市场 M2B 和飞飞商城 M2C 两大直销模式，省去一切中间商，帮助达到 GMC 标准的制造商轻松直达全球买家和消费者。全球直销代表了高效市场运营的未来，更将引领一场世界贸易和消费市场模式的商业革命。

（五）集团追梦史

1. 第一阶段：集团前身成立及探索之路

1995～1998 年，集团前身成立，建立中国第一个国际贸易网站；远赴德国法兰克福展会，成为中国首家参加海外展的国际营销机构。

1999～2004 年，不断探索世界贸易的健康模式和未来发展之路。

2. 第二阶段：建立 GMC 标准及直销模式，融资 2 亿元

2005 年，即 GMC 元年，正式建立 GMC 优质制造商标准，开始专注打造 GMC 标准及群体品牌，进入“世界标准，全球直销”的独特运营模式。

2008 年，获得来自 Jafco 等国际投资者合计 2 亿元的投资；收购香港 B2B 上市公司 Tradeeasy（http://tradeeasy.com），实现强强联合。

3. 第三阶段：快速发展，获得世界级大师们认同，“未来世界”成最大股东

2009 年，集团获商务部颁发的“贸易促进贡献奖”；被贸促会评选为中国高端电子商务第一品牌。

2010 年，被《财富》评为中国十强之“卓越雇主——中国最适宜工作公司”；GMC 联盟集体参与及亮相世博会，联合承办上海世博会世贸馆；全球“定位之父”艾·里斯为GMC会员，并进行全国巡回培训；集团创立的“未来世界公益基金会”，获捐赠成为集团单一最大股东。

2011年，世界“营销学之父”菲利普·科特勒签约成为GMC首席国际营销顾问；世界第一CEO杰克·韦尔奇成为GMC智囊团成员；温家宝总理对GMC的梦想予以认同和支持；集团赞助亚运会项目，让GMC联盟会员集体参与及亮相国际盛会。

4. 第四阶段：在伦敦上市后，实现“中国制造国家队”、M2C直销模式的突破

2012年，集团在伦敦证券交易所上市，启动“中国制造国家队”大型投资项目；GMC成为广东省的新广货标准。

2013年，网上直销平台“飞飞商城”正式启动。

B.24

名牌折扣，限时抢购

——广州唯品会信息科技有限公司

（一）概况

广州唯品会信息科技有限公司成立于2008年8月，旗下网站（www. vipshop. com）于同年12月8日上线，是一家专门做特卖的网站（见图1）。网站云集了5000多家一二线品牌商品，名牌服装、鞋子、箱包、配饰、香水、化妆品等应有尽有，打造网络“超大规模购物中心”（shopping mall），让名牌不再遥远。

公司总部位于广州市荔湾区，办公面积1万多平方米。同时，在北京、天津、上海、昆山、成都、简阳、佛山等地设有分公司和下属机构。

（二）商业模式

唯品会采用“名牌折扣+限时抢购”的创新商业模式（见图2），每天早上10点准时上20~30个新品牌，超低折扣，限时抢购，每天售卖品牌超过100个。唯品会品牌丰富、折扣低、客户服务优质，顾客在此可享受到抢购的乐趣。因而唯品会深受会员们的喜爱，客户黏性较高。

1. 名牌折扣

唯品会与国内外5000多家品牌厂商、供应商合作，通过较低折扣进行品牌售卖，商品品类包括时装、箱包、鞋子、化妆品、皮

图1　唯品会页面

名牌折扣	限时抢购	正品保险
售卖国内外5000多家一二线名牌商品，商品以原价1~5折销售	每天上午10点上新品牌，所有商品均销售5天，先到先得，售完即止，5天后商品下架	在太平洋保险公司为所有品牌商品购买保险。凡是在唯品会购买的非名牌正品，可通过正规保险理赔手续获得全额保偿

图2　唯品会商业模式

具等，极大地满足了对价格敏感而又喜爱名牌商品的中国消费者的需求，特别是因线下名牌商品渠道严重不足造成的二三线城市消费者对这些商品的强烈需求。

2. 限时抢购

唯品会借助 vipshop. com 的网站平台，以限时特卖的形式，每天 10 点准时推出 20 ~ 30 个品牌数万件名牌商品，并以原价 1 ~ 5 折的价格进行售卖，每次售卖时间为 5 天。在售卖时间内，会员先到先买，在售完即止。顾客在 20 分钟内必须付款，否则商品会被重新放到待销售商品中。

3. 正品保险

唯品会是国内首家为品牌购买保险的电子商务网站，由太平洋保险公司为货品提供名牌正品保险，只要用户发现购买的产品非名牌正品，即可通过正规的保险理赔手续，得到全额的保偿。正品保险模式降低了用户对网购的担心与犹豫，大大提升了用户对唯品会的信赖，从而让用户享受到轻松、安全的购买体验。

（三）发展规模

唯品会有 6000 多名员工，日独立访客超过 400 万人次，注册会员数达 4000 万名，现合作品牌超过 5000 家，日均订单量达 15 万单。2012 年净营业收入为 54. 92 亿元，纳税 2. 7 亿元。2013 年上半年，净营业收入为 47 亿元，已连续三个季度实现赢利。

（四）仓储建设

唯品会已建有四大仓储中心，分别在佛山顺德、江苏昆山、四川简阳以及北京，全国仓储面积超过 20 万平方米。通过四大仓库，唯品会每天向遍布全国 330 个城市的会员提供物流配送服务，每天配送能力达到数十万单。2013 年，唯品会投资 16 亿元在湖北鄂州建立第五个物流中心——华中物流仓储中心。

（五）融资状况

2010 年 10 月，唯品会获得第一轮风险投资——美国 DCM 和红杉资本的 2000 万美元，为 A 轮融资最大金额。2011 年 5 月，再次获得美国 DCM 和红杉资本第二轮风险投资 5000 万美元。2012 年 3 月 23 日，唯品会成功登陆美国纽交所（见图 3），成为华南第一家在美国纽交所上市的电子商务企业。2013 年 3 月中旬，唯品会增发 400 万股美国存托凭证（ADR），融资净收入达 9192 万美元。

图 3　2012 年 3 月 23 日唯品会美国纽交所上市现场

（六）行业地位

在 2012 年全国商业零售 100 强中，唯品会排第 79 位，在广州商业零售100强中排第3位。唯品会在2013年上半年中国B2C网络购物交易规模市场份额排名中排第5位，占2.6%，居广州电商之首（见图4）。

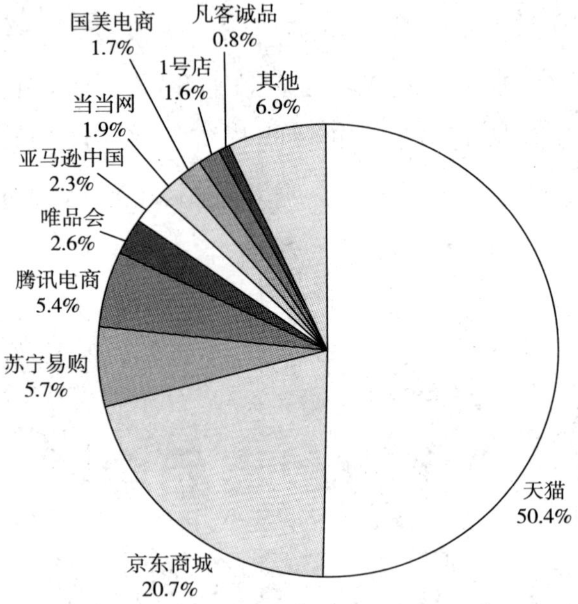

图4　2013年上半年中国B2C网站市场份额占比

（七）唯品会成功经验

1. 创新服务价值

唯品会在传统奥特莱斯（Outlet）模式基础上，在国内首创"名牌折扣+限时抢购+正品保险"商业模式，从而为消费者、企业及行业提供独特的服务价值（见图5）。

错位销售：以过季货品或其他单独系列的货品为主，每期上线销售5~8天，避开对当季新品及传统渠道的冲击与影响。

清理库存：帮助传统企业快速清理库存，解决资金周转问题。

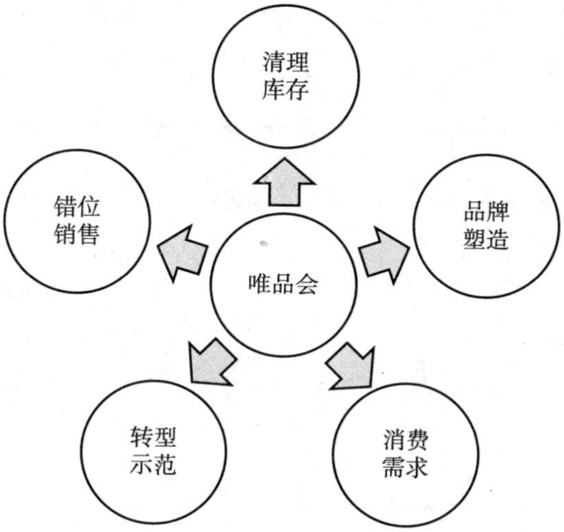

图 5　唯品会创新服务价值

品牌塑造：为庞大的用户群打造通畅的品牌在线展示平台，合作品牌供应商通过唯品会平台，提升品牌影响力与曝光率。

消费需求：通过限时抢购为消费者营造在线抢购的乐趣与成就感，满足用户的品牌商品消费需求与现代时尚生活方式。

转型示范：将传统 Outlet 转型到线上折扣零售，开辟了创新性服务新业态，树立起产业转型与升级的标杆。

2. 急速供应链

唯品会通过创新的商业模式，建立起强大快速的商品供应链。由于创新的商业模式，唯品会的销售能力增强，并由此推动库存处理速度加快，资金周转迅速。正因如此，唯品会得到了众多品牌厂商及供应商的青睐，部分厂商甚至将唯品会作为其库存商品处理的首选平台。目前，唯品会已与国内外 5000 多家品牌供应商建立了良好的合作关系。随着庞大用户需求的增加及与供应商合作的良性循环，唯品会供应链基础会越来越稳固。

与传统经销渠道相比，唯品会省去了中间商，大大降低了商品采购的中间成本。同时，唯品会未售完的商品可直接退还给品牌厂商，没有库存积压的负担（见图6）。

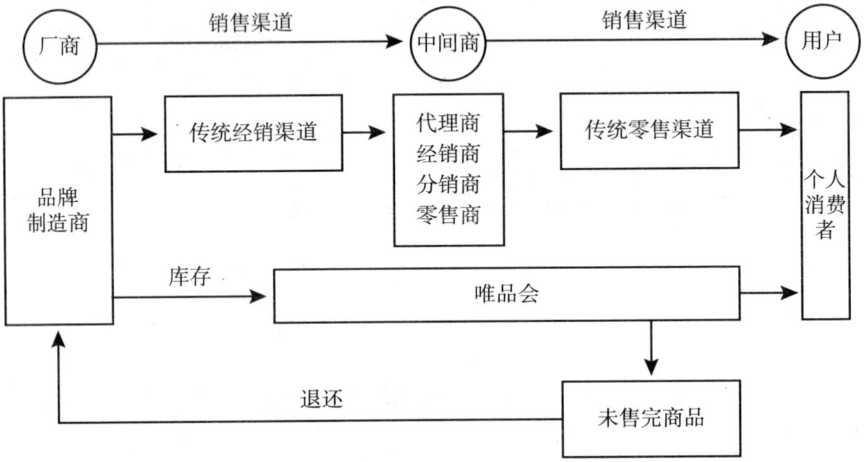

图6　唯品会与传统经销渠道供应商对比

3. 领先的软硬件系统

唯品会引入世界顶级的曼哈顿WMS物流管理系统、甲骨文ERP系统以及CSC呼叫管理系统，并自主研发了B2C网站管理系统，强大的技术实力为电子商务各环节体系提供了支持（见图7）。

4. 优秀的富于创造力的人才

唯品会良好的企业文化氛围，为朝气蓬勃的青年人才提供了展示自我价值的舞台，这里集聚了来自全国各地的优秀电子商务人才。他们年轻、有朝气、抗压能力强、极富创造力，在各自的岗位上释放各自的能量，为唯品会的高速发展与美好未来创造无限可能。

5. 绿色环保创造高效节能型新兴产业

唯品会以“名牌折扣＋限时抢购”的商业模式，通过在线销

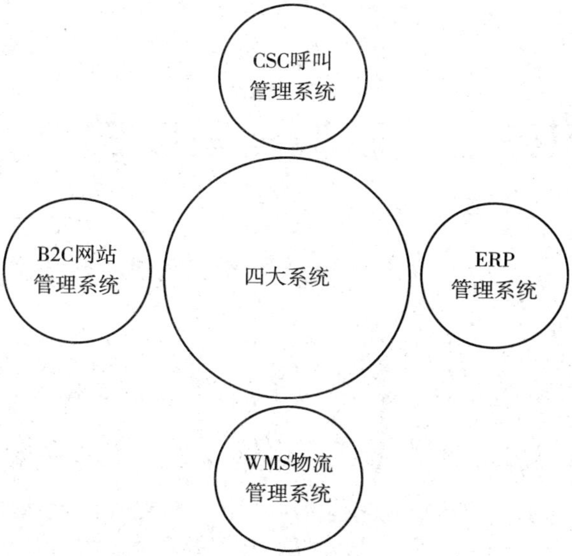

图 7　唯品会四大系统

售实现信息流、资金流、物流的转换，帮助传统制造商解决库存难题，提高社会闲置资源利用率。同时，唯品会创造了大量就业机会，刺激了华南电子商务服务业的快速发展，并逐渐将产业发展模式从劳动密集型向技术密集型、知识密集型转型升级，打造高效节能的新兴产业。

B.25

疑似阿里巴巴，胜似阿里巴巴

——中经汇通有限责任公司

中经汇通有限责任公司（以下简称“中经汇通”）成立于2008年5月，是中国唯一的油品终端市场电子商务运营商，是国内整合现代供应链管理及物联网商业模式的先驱。中经汇通总部位于广州，同时在福建、上海、湖南、江西、广西等地设立了分支机构；在湖北省设有中经汇通（武汉）有限公司；2010年，公司投资设立汇通宝支付有限责任公司，是广东省唯一获得中国人民银行颁发的第三方支付业务许可证跨省经营的企业（许可证号：Z2014944000019）。

中经汇通凭借前瞻性的眼光、先进的发展理念、独特的电商模式、高速的成长发展，成为广东省首家国家电子商务示范基地的承载企业，是2012年广东省“广货网上行”首批十家电子商务平台之一，获得了多项国家级、省级、市级殊荣，包括国家高新技术企业、广东省战略性新兴产业骨干培育企业、广东省大型骨干企业、广东省重合同守信用单位、国家工业信息化运行形势指数企业等，2012年被商务部评为国家电子商务示范企业。

（一）创独特“多方共赢”运营模式，推动电子商务产业链发展

中经汇通不断改革创新，寻求行业发展的突破，在创新改革的

道路上不断归纳总结，创建了“多方共赢”的电子商务运营模式。公司通过集石油供应、金融服务、网络技术、物流管理四大领域于一体的“汇通电子商务网络运营平台”的系统技术支持，以“汇通卡”等多介质为直接销售载体，为加油站、商场、酒店带来客户资源，并统一管理；为物流运输企业、政府机关和私家车主提供优惠加油、电子支付、消费信贷以及车队管理等各类生活服务；为银行开发高端优质客户和银行卡的增值服务；为中国银联创建具有行业特色的银行卡 POS 机专用平台，创造了多方共赢的发展局面。

依靠商业模式创新和现代信息技术的有效应用，中经汇通较好地整合了原本高度分散的市场购买力，同时为客户和合作特约商户创造高价值的商务模式，主要包括团购、第三方支付、积分兑换、消费引导和大数据服务五大类。中经汇通运用了现代信息技术和现代金融服务手段，支撑线下商户线上线下服务于消费客户，实现传统商务的电商化，构筑了一个庞大的 B2C 商务平台，建立了闭环的 O2O 体系。

中经汇通独特的电子商务商业模式被国家发改委《宏观经济研究》（2010 年第 12 期）等权威学术刊物引用为电子商务经典案例。广东省委办公厅的专题调研认为中经汇通“疑似阿里巴巴，胜似阿里巴巴”。[①] 国务院副总理汪洋同志在 2012 年广东全省流通工作会议上肯定了中经汇通是“以服务链整合和信息挖掘为核心，为汽车车主提供全面、优惠、快捷消费服务而搭建的电子商务平台”。[②]

（二）整合多方资源，有力地支持行业蓬勃发展

经过多年的高速发展，中经汇通通过整合资源、业务创新、规

---

① 参见广东省委办公厅《决策资讯》2008 年第 15 期。

② 《汪洋、朱小丹同志在全省流通工作会议上的讲话》，《粤办通报》2012 年第 34 期。

范经营，以“汽车油品市场”为核心，坚持“支付+管理”的服务理念，建立了电子商务市场产品差异化的品牌竞争优势，汇通卡已经取得了强劲的市场效应，带动了电子商务产业链的滚动发展。凭借商业模式创新和现代信息技术的有效应用，中经汇通掌握了广东省乃至全国范围的高端汽车车主客户用户消费行为信息，即汽车后市场行业的脉搏，通过透视客户的消费能力、消费频率、消费兴趣点等，透视客户的消费渠道偏好、消费习惯及消费计划，为客户和合作特约商户创造了强力的黏性价值。

中经汇通电子商务平台服务的线下商户包括中石油、中石化、中海油、中油BP、中森美等集团的加油站1万多座，百佳、万家、摩登、百货、肯德基、丰田、宝马、汽车4S店、酒楼、便利店等商户十多万家。线上线下服务消费客户包括与中国工商银行、中国农业银行、中国银行、中国建设银行等22家银行发行的联名银行卡客户，与中国移动、中国联通、中国电信等电信运营商联合发展的手机支付及各种应用客户，与太平洋、平安等保险企业联合发行的保险汇通车主卡客户，与金融机构、运营商、石油公司等搭建积分互换的积分客户，共整合各类消费客户超千万。

（三）建立尖端科技服务，助推电子商务科技体系构建

中经汇通的电商平台以汇通公共服务平台、汇通卡网络运营平台、汽车后市场服务平台、手机通宝商务平台、车主消费服务平台、汇通宝综合信息分析系统、大数据处理分析平台等为基础，结合智能射频识别（RFID）标签与读写器技术，融合移动客户云账户创新，应用物联网技术，运用现代物流理论，实现了既接受消费者的委托为消费者采购商品、提供其他采购服务，又接受供应商的委托为商家推广市场、延伸供应链、整合供应链、提供供应链管理

服务，将中经汇通电商平台建设成了具有自主加密技术、支持多应用的新一代电商平台。

中经汇通注重自主技术的研发，拥有自己的市场分析及研发团队，目前，已经拥有基于 J2EE 的 RIA Enterprise Framework 开发平台框架和自主知识产权的产品，获得了 5 项专利、21 项软件著作权、5 项高新技术产品证书和多项科技成果转化证明，具备了完善的开发测试流程及市场运作力。中经汇通构筑的强大“云服务”营运平台，以其创新的服务模式走在了国内电子商务企业的前列。

（四）热心慈善事业，以真诚回馈社会

中经汇通积极履行社会责任，热心参与社会公益事业。中经汇通多次参加政府举办的“广东扶贫济困日”和“广州慈善日”等社会捐赠活动，积极参与丰顺县留隍镇一对一扶贫活动，赴龙川县捐款修建小学，支援汶川地震救灾、玉树学校灾后重建，帮助灾区学童重返校园等。中经汇通董事长柯宗耀先生还参与发起广东省公益事业促进会并担任常务副会长。

B.26

“广新交易会”，中小型贸易优选

——广东省广新控股集团有限公司

“广新交易会”电子商务平台始建于2011年。该平台背靠广东省广新控股集团有限公司雄厚的线下资源，集展示、交易、管理及数据挖掘等多功能于一体，以品牌营销、大客户服务和金融服务为特色，是中小企业开拓国际市场、打造自有品牌的优选电商平台。

（一）国企信誉，专业团队，实力保障

广东省广新控股集团有限公司（以下简称“集团”）隶属于广东省国资委，是2000年由原广东省属主要专业外贸公司组建的国有大企业集团。目前，集团下辖21家一级企业，有星湖科技、佛塑科技、生益科技、省广股份4家境内上市公司，以及3家境外上市公司，打造了10个中国名牌及驰名商标、30个广东省重点扶持出口品牌，建立了19家技术研发中心，培育了162项技术专利，培养和发展了一批全国乃至全球最大的生产基地。2012年，集团总资产达345亿元，全年累计实现销售收入531亿元，其中，进出口贸易30亿美元，境外贸易16.2亿美元；利润总额6.49亿元，上缴税金10.81亿元。

集团在商业模式的再造和提升上，做到了“两个积极推动”：一是积极推进重组联合和内部产业调整，走出了一条产业高端化、经营国际化的战略发展之路。集团围绕战略性新兴产业、先进装备

制造业等优势主业，向产业链上下游延伸，向资源密集型和技术密集型企业靠拢，努力通过横向多元化、纵向一体化模式寻求新的增长点，使集团主业的发展迈上新台阶。二是积极推动电子商务发展，以信息化提升、改造传统商业模式，建立和延伸产业链，结束了外贸企业"主业不主、专业不专、发展无序"的格局，从一个生存受到威胁、濒临退出的传统专业外贸公司，转变成主业突出，产业链明显，集"科、工、贸、投"于一体，具有一定国际资源整合能力和国际竞争力的集团公司，综合实力和竞争力明显提升。

近年来，集团所获国家级、省级及市级荣誉包括2012年中国对外贸易500强企业第133名、2012年中国企业500强第168名、2012年中国服务业企业500强第58名、2012年广东大型企业竞争力50强第19名、2012年广东大型企业竞争力50强企业、广州市首批认定总部企业（2012年3月获）、广东十大和谐企业（2011年12月获）、广东省服务业百强企业（2011～2012年）、广东省企业500强（2011～2012年）、广东省商业服务业改革开放三十周年杰出贡献企业、2012年"广货网上行"第二批十大B2B电商平台、2013年市级电子商务示范企业、2013年省级电子商务示范企业、工信部首批"两化深度融合"示范企业、国家级电子商务集成创新试点工程。

（二）产品丰富，流程规范，服务专业

"广新交易会"平台将传统商务流程电子化和数字化，具有开放性和全球性，突破了传统外贸营销的时空制约，有利于企业缩短贸易链条，建立自主营销渠道，开展研发设计，形成新的外贸增长点，促进传统外贸发展方式转变，带动传统外贸行业转型升级。

1. 永不落幕的B2B交易会

"广新交易会"是依托集团多年信息化建设形成的坚实基础、

数十年丰富的外贸经验和资源、完整规范的业务流程和庞大的外贸人才队伍，全力打造的一个永不落幕的 B2B 交易会。“广新交易会”是数万种产品整体的网上展示厅及交易厅，具有技术先进、商业模式新、规模大、资源整合力强、辐射范围广的鲜明特点。

2. 多功能综合营销平台

“广新交易会”平台集商品展示、品牌宣传、询盘交易、业务管理及数据挖掘等多功能于一体，以品牌营销、大客户服务和金融合为特色，包含询报价和交易执行的全过程，是企业自有品牌、代理中小企业和中小产品品牌交易推广的综合营销平台。

3. 集成服务平台

“广新交易会”平台交易商品类别齐全、市场覆盖面广、外贸优势明显，通过开展良性互动的大宗批发和网络零售业务，提供定制化的产品及品牌营销服务，对外贸易流程标准化服务，供应链贸易融资服务，报关、船务、认证等个性化一站式集成服务。

4. “大数据”电商平台

“广新交易会”平台不仅可以通过网络、手机短信或邮件等多种方式与客户交流，而且可以通过智能化报表工具对询报价、订单、成交量、客户、商品、毛利等数据进行数据采集、统计、分析和预测，及时准确地反映外贸商品总体规模、结构变化、发展趋势和存在的问题，在一定程度上实现了资源共享，为企业和厂商积累信息、挖掘需求、预测市场、规避贸易风险提供了可靠依据，初步具备了“大数据”采集处理功能。

（三）客户认可、服务创新、政府支持

2012 年，“广新交易会”平台入选“广货网上行”十大 B2B 电商平台。“广新交易会”已经汇聚了集团近百个自有及代理品牌、数

万种商品、8万多家遍布全球的客户。2012年，“广新交易会”网上销售总额达168亿元，已成为传统贸易业务转型升级的引擎。

目前，除商品展示、询盘复盘、营销服务、下单订单等基础服务外，平台还设有主动搜寻并提供个性化服务的大客户服务中心、为中小企业提供贸易融资服务的金融供应链服务中心，还提供降低用户申请门槛的贸易信用保险等增值服务。此外，2013年，在广东省内各大集散地或运输枢纽中心建成的7个营运中心将推动平台做到“网上＋网下”双引擎推动发展，让客户体验现场设计、质检、验货和下订单。

在广州市委、市政府的支持下，集团与广州市中小企业进行贸易合作，通过集团外贸成员企业专业化的营销服务及贸易过程服务，辐射国内及全球市场，为中小企业提供产品展示、交易平台；同时，通过子平台——“广新达”，为客户提供报关、船务、认证等一站式外贸基础服务，助力中小企业提高运营效率、降低交易费用。

（四）目标宏伟，落地有道

“广新交易会”平台正不断完善功能，特别是移动应用和“大数据”功能，提高平台的智能化水平；分批建设多个集研发设计、生产组织、质量控制、展示交易、物流配送等于一体的体验式营运中心，构建全球网络营销资源中心；通过该平台的网络，加强国内外营运中心互动，立足广东，辐射全球，力求将其打造成商品类别齐全、市场覆盖面广、特色鲜明的大型高端跨境综合电子商务平台，打造成全球性生产资料和生活消费品、全国的进口和出口商品的重要交易平台和分拨中心，实现“电子平台＋实体店”的全新服务模式，突破传统的进出口外贸批发形式，带动广东省传统商贸行业转型升级。

B.27

综合服务新业态，广塑指数誉全球

——广东塑料交易所股份有限公司

广东塑料交易所股份有限公司（以下简称“塑交所”）于2005年9月26日正式运营，是经国务院审批获准经营的全国唯一的塑料现货电子交易所和广东省第一家运营的大宗商品交易所。塑交所率先把电子交易模式引入塑料现货市场，一直专注于塑料行业电子商务的研究和发展，为行业企业提供塑料原料的电子交易、仓储物流、供应链货押、信息资讯和技术的综合服务。自运营以来，塑交所在各级政府的关心和指导下，已发展成全国客户规模和交易规模最大、交易品种最齐全的塑料现货交易中心，创立的塑料“广州价格”和“广塑指数”成为塑料行业的价格风向标。

塑交所自成立之初便坚持走电子商务路线，同时不断创新，通过构建“电子交易＋仓储物流＋供应链融资＋信息资讯＋技术”的一体化服务体系，打通行业产业链，开创我国塑料行业现货电子商务服务的新模式，为完善我国电子商务运营环境做出了巨大的贡献。图1是塑交所总部大楼——广州圆大厦。

（一）综合服务新业态

塑交所率先把电子交易模式引入塑料现货市场，并一直专注于塑料行业电子商务的研究和发展。以信息技术为手段，以服务创新为核心，打造新型塑料行业现货服务新业态，为行业企业提供电子

图1　塑交所总部大楼——广州圆大厦

交易、仓储物流配送、信息资讯、供应链货押和技术的综合服务，促进了塑料行业电子商务发展进程。

在电子交易方面，塑交所采用全电子化的交易系统，不仅提供公平、公正、公开的电子交易和订单生成服务，而且提供多样化的信息服务，解决了传统交易价格信息不透明的问题。塑交所最新研发的电子交易系统采用的是电子竞价模式和电子协议模式。最新的电子盘面更简洁、更便利，交易信息更丰富、更贴近现货购销需求。

此外，塑交所还建立“万商台”综合电子商务平台，为行业企业提供塑料、化工、助剂、煤炭、铝等产品从原料至成品的电子交易，把塑交所完善的供应链服务延伸至各类商品。目前，已经有数十万家企业进驻“万商台”，年交易金额有上百亿元。

在仓储物流方面，塑交所依托庞大的客户群体，以广州为中心，在山东、天津、上海、浙江、四川、福建等全国行业集散地建立了20多个交收货仓库，自有仓库面积达50万平方米，总库容达到100万吨。塑交所自建物流车队，并开通了集装箱专列和海铁联运服务，建成了西北到华南、华东、西南，以及西南到华南的运输专线，实现了塑交所“海陆联运”的全方位运输服务。目前，塑交所拥有干线车辆2000辆，年运输量可达2000万吨。

此外，塑交所还完成了行业第一个物联网平台的建设项目，以现代化、信息化、网络化为核心，把物联网技术与塑交所仓储物流服务有效结合，实现了交易、交收、物流配送环节的“无缝连接”。依托发达与便捷的运输网络、智能的物流运输管理系统以及高素质的管理团队，塑交所可实现全国范围的一站式“门对门、仓对仓”物流配送，提高塑料现货流通效率，降低客户物流成本。

在信息资讯方面，塑交所针对塑料行业众多企业信息渠道不顺畅、信息时效差、交易信息不对称等问题，推出了短信、彩信、手机报、日报、周报、年报、会刊、商情资讯、企业宣传广告等信息服务，目前，各类信息服务客户超过30万家。

此外，塑交所门户网站已发展为塑料化工行业的主要门户网站。塑交所发布的中国塑料信息库是我国第一个大型的塑料行业数据、企业信息及商务决策支持的高级信息系统，是塑料行业人士了解国内外企业塑料价格、行业统计数据、塑料行情资讯的大型专业信息库。

（二）“广塑指数”誉全球

塑交所发布了国内第一个塑料原料商品价格指数——“广塑

指数”，该指数能及时反映不同时期商品价格水平的变化方向、趋势和程度，是引导、指导市场理性消费和生产的风向标（见图2）。

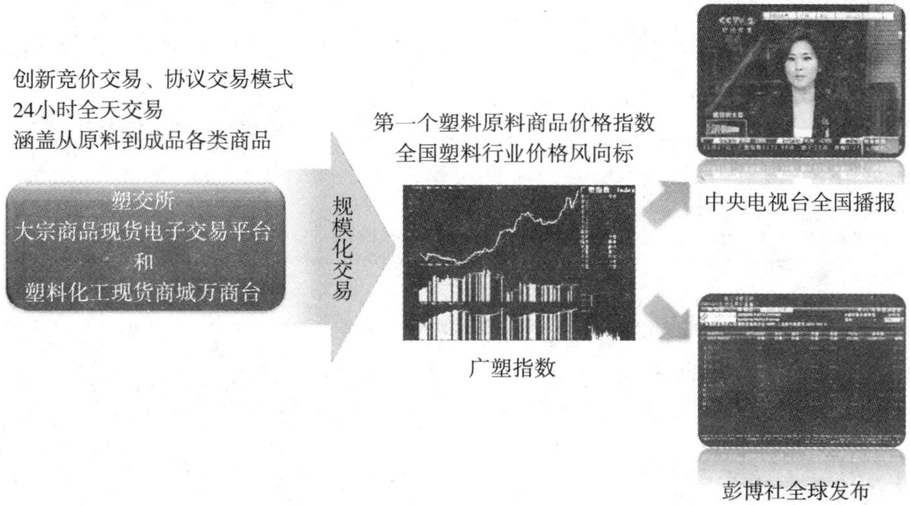

图2　塑交所“广塑指数”

目前，“广塑指数”影响力进一步扩大，被誉为“中国塑料第一指数”，国内其他行业信息网站定期转载塑交所发布的交易行情和价格信息。“广塑指数”每天在中央电视台财经频道播发，并通过彭博社向全球发布，成为我国塑料原料价格重要的“晴雨表”。

如今，塑交所年交易量超过3000万吨，年交易额超过3000亿元，服务覆盖全国超过30万家企业，已发展成全国客户规模和交易规模最大、交易品种最齐全的塑料现货交易中心。塑交所还先后获得国家高新技术企业、国家电子商务专项试点、广东省电子商务示范企业、广东省流通龙头企业和广东省现代产业500强等多项殊荣。

塑交所将深入贯彻党的十八大提出的大力发展现代服务业、促进信息化和工业化深度融合的战略部署，不断完善B2B电子商务服务功能和物流服务体系，进一步提高“广州价格”和“广塑指数”在国际塑料市场上的影响力，将自身打造成世界级塑料原料交易中心，确立塑交所对国际塑料原料价格的定价权，为推动广东省传统流通市场运用电子商务等创新驱动战略进行升级改造做出新的贡献。

𝔹.28

快时尚东方 ZARA，新平台电商梦芭莎

——广州摩拉网络科技有限公司（梦芭莎）

（一）公司简介

广州摩拉网络科技有限公司（梦芭莎）成立于2007年8月，是中国领先的服饰类B2C电子商务企业（见图1）。公司目前拥有800多名员工，其中400多名设计人员。公司的产品开发中心位于广州，并在中国香港、法国、韩国建立了时尚买手团队；在上海

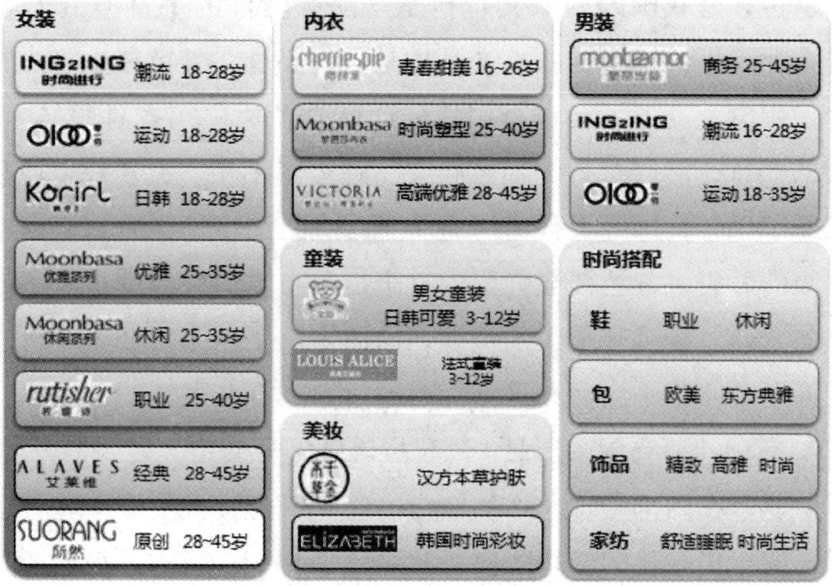

图1 梦芭莎自主品牌商品导航

拥有100多人的专业电子商务营销团队，面向全球进行电子商务营销管理；同时，与全球领先的美国硅谷专业研发机构建立了战略研发合作关系。

（二）市场影响力及市场地位

平台网站已经拥有超过600万名顾客，目前正以每月新增数十万以上的速度递增。根据艾瑞咨询集团提供的数据：梦芭莎在女装内衣B2C网站全国排名中居第1位；2012年，在自主品牌女装B2C网站全国排名中居第1位；在国内女装类B2C网站第一提及率中，梦芭莎居第2位；在中国互联网企业综合排名中居第13位。

（三）商业模式创新

1. 首创“女装自主品牌+电子商务”模式

梦芭莎是我国第一家实行自主多品牌营销的垂直型B2C电子商务企业，平台销售的所有产品均是自有品牌。梦芭莎也是广东省首个使用电子商务平台进行销售的服装企业。广东省是服装生产、销售的大省，但广东省的知名服装品牌寥寥无几。大多数企业是代加工的工厂，被国际上称为“世界服装加工工厂”。为响应国家产业升级的号召，梦芭莎成为国内首个提出自主服装品牌走电子商务之路的企业。梦芭莎史无前例地在国内走出了一条服装企业自己的电子商务之路，平台网站已经拥有超过600万名顾客。

2. 首创“时尚创意产业+高科技信息化”模式

梦芭莎在内部管理、产品销售、库存管理、人员管理等各个方面均采取了信息化的管理手段，从系统平台1.0版本升级到7.0版本。梦芭莎信息化管理优势主要体现在以下两个方面。

（1）信息化让梦芭莎实现了传统服装品牌无法做到的“零

库存”

传统服装品牌最大的成本和风险就在于库存积压，库存的增加直接提升了企业的成本，而梦芭莎却可以做到“零库存”，主要在于梦芭莎的销售系统可以做到“预售”“测试销售”，梦芭莎的数据库可以及时反馈某件产品的实时销售数据，从而在下单、生产环节，梦芭莎均可以实时掌握和预估产品的销量，库存自然与销售挂钩，可以实现“零库存”。而传统的服装品牌只有到了一个季度结束后，才能知道所有产品的销售情况，所以它们无法做到快速反应。

（2）信息化让内部管理效率提升 50%，供应链管理实现业内奇迹——产品 7～15 天的快速反应

梦芭莎研发的供应链管理系统可以支持千家供应商查阅下单、销售、缺货等实时数据，根据数据反馈的问题及时调整，整体供应链管理实现产品 7～15 天的快速反应。梦芭莎能够在每年以 100%～800% 的速度增长，也得益于梦芭莎坚持走互联网高科技信息化之路。

3. 国内服装行业首次实现“快速反应模式”

梦芭莎成功创立了破解“电商之痛”的“快速反应模式”，有机地将传统品牌经验与电子商务技术相结合，创造出了一个快时尚、个性化、自有品牌的多品牌服装电子商务平台。梦芭莎代表了电子商务的未来。

“快速反应模式”的运作机制是，通过网络试销、即时数据反馈和及时调整后续面料排单与成衣工厂排单，让每天的工厂产能与实际销售相匹配，这样不仅降低了库存积压风险，而且缩短了顾客的等待时间。通过该模式，公司从下单到出货仅需要 7 天；顾客在购买商品时，从下单到收货，最快在 24 小时之内就可以完成。

4. 自主品牌、自有电商平台——占据微笑曲线的两端

梦芭莎占据了微笑曲线上具有最高附加值的部分。在产品制造和生产环节，梦芭莎和阿迪达斯、耐克一样只做产品的设计、研发、品牌推广；在销售渠道环节，梦芭莎和淘宝网、京东商城一样，做最具趋势和空间的电子商务平台。生产、加工这一附加值较低、成本较高的环节，均采用外包的方式。所以，梦芭莎占据了“微笑曲线”具有高附加值的两端。

梦芭莎选择了做自己的产品品牌，建立自己的电子商务平台，向所有的制造企业做出我们也可以做自主产品品牌的电子商务的示范。

（四）企业已经获得的荣誉和称号

☆ 中国电子商务示范企业　国家商务部电子商务司颁发

☆ 广州市著名商标　2011～2014 年，广州市工商行政管理局颁发

☆ 广州市电子商务企业　2013 年

☆ 广东省守合同重信用企业　2010～2012 年连续 3 年荣获

☆ 北京国际时装周最佳设计大奖　2010 年 10 月公司旗下品牌若缇诗荣获

☆ 中国年度最佳雇主　2010 年、2011 年连续两年荣获

☆ 中国纺织服装行业十大网络品牌

☆ 中国年度创新成长型企业 100 强

☆ 制造企业产业升级示范企业（2012）

☆ 中国纺织业十大网络品牌

共计近 100 项荣誉。

B.29

打造东莞电商龙头，助力企业创新发展

——东莞市中大科教网络科技有限公司

东莞市中大科教网络科技有限公司（以下简称“中大科技”）成立于2004年4月，与商务部中国国际电子商务中心、东莞市经信局合作建立运营着东莞市唯一国家级电子商务平台——东莞国际商贸平台（www.etradenow.cn）。

中大科技拥有独立第三方支付平台——快发支付，总资产达1.5亿元，并于2013年8月在前海股权交易中心成功挂牌，代码为661856。

作为东莞的电子商务龙头企业，中大科技以“服务政务、发展商务”为中心，在建设及运营超大型电子商务平台方面有丰富的实战经验，现拥有专利7项、软件著作权21项、软件产品7项，具有雄厚的软硬件研发实力和企业服务能力。公司发展至今先后获得荣誉资质50多项，是“国家高新技术企业”“广东省民营科技企业”“广东省双软企业”“广东省诚信示范企业”“广东省电子商务示范企业”“广东省守合同重信用企业”。

（一）整合各方资源，提升核心竞争力

东莞国际商贸平台共享着“在线广交会”强大的贸易数据，引入43万名海外买家资源，整合商务部中国国际电子商务中心及

其全球207个驻外经商参处的海外联合推广优势资源，并与中信银行、招商银行、中国联通、中国电信，以及物流公司、商会、培训机构、行业协会、行业直销中心等众多机构就融资担保、移动电子商务、行业资讯和网上直销等方面开展全面合作。通过高效整合信息流、资金流、物流多方资源，快速提升核心竞争力，以不断优化的电子商务专业服务和有效的宣传推广，充分发挥东莞作为世界制造业基地的优势，打造东莞自己的电子商务平台和电子商务品牌。

东莞国际商贸平台服务企业会员4万多家，产品数量达480万种，每季度以15%的速度增长，日均访问量达80万次，在Alexa排名中排第298名，每天产生的询盘信息达3500条，促成的企业交易额累计超过10亿元，而且每月不断加速增长，无论在访问量、客户量、产品量还是交易量上都处于领先地位。

目前，平台已积累了众多优势及资源：整合了商务部43万海外买家资源、全球207个驻外经商参处；能够进入“广交会”现场帮助企业宣传展示；支持安全、大额支付的B2B网上支付；与东莞市中信银行建立合作，可为平台会员提供30亿元的融资授信额度；与银行发行联名信用卡；与东莞市中小企业局官方网站实现企业、产品数据对接。此外，该平台是东莞获得省政府项目立项的电子商务平台，是广东省工商局指定东莞地区唯一可办理“一址多照”的电子商务平台，是“广货网上行”十大平台之一，是第二十一届中国食品博览会东莞食品专场的指定电商服务单位。平台会员可享受政府提供的全方位补贴扶持。

（二）线上线下并举，助力企业“触电”发展

东莞国际商贸平台经过多年的开发运营，自主研发了包含电子商务平台（东莞国际商贸平台）、支付平台（快发支付平台）以及

物流平台（广东第一物流平台）的全流程电子商务供应链系统，可为企业提供方便、快捷、高效的全流程电子商务服务。东莞国际商贸平台产生的订单能够顺利流进广东第一物流平台的仓储系统与物流运输系统，实现网上订单、货物下架、出库运输、在线跟踪的无缝衔接；同时，快发支付平台可提供全程的交易担保服务，为贸易流通过程中的风险控制提供了完善的解决方案。

此外，东莞国际商贸平台不断优化服务，为企业提供中英双语及3G一体网店、网上商城、网上展会、特色商群、营销联盟、客户管理系统等强大的线上应用系统，并提供网店策划、产品拍摄、产品资料上传、价格跟踪、网店装修、网络推广、网店客服、促销活动、产品包装、订单跟踪通知发货、货款跟踪、售后服务的一条龙电商服务。企业借助“商贸平台”网店云资源优势，共享平台流量资源，实现“借船出海”、迅速发展。

在线下服务方面，平台积极组织各类型的线下展销会、招商会、促销会、培训会、对接会。每场线下活动都建立对应的网上专区，进行线上和线下的联动。东莞国际商贸平台通过整合各种线下渠道，为平台会员提供展销产品、推广企业的机会，把线下流量转化为线上流量，为会员拓展销售渠道，帮助企业上网“触电”发展。

（三）与时俱进，创新服务应用

随着移动互联网的迅速发展、智能手机的普及和微信用户的迅猛增长，手机终端超过其他终端成为用户上网的第一选择。东莞国际商贸平台紧跟移动互联网发展潮流，不断创新服务，推出“微应用互动平台”，为企业提供微网站、微商城、微教、微酒店、微活动、微服务等微应用服务，帮助企业量身定制移动应用及营销解决方案。

“微应用互动平台”与东莞国际商贸平台实现数据互通，通过“微应用互动平台”，企业不仅可以管理产品信息，而且可以轻松管理自己的微信，对微信公众账号进行维护，开展在线发放优惠券、抽奖、刮奖、派发会员卡，以及打造微网站、微商城等多种活动，平台也可以对微信营销实现有效监控，为企业提供与众不同的微信公众号和有针对性的营销推广服务。

（四）立足东莞，快速谋发展

随着东莞国际商贸平台的快速发展，平台将投资建立超过 3 万平方米的电子商务产业园，成为集电子商务企业孵化中心、技术研发中心、客服呼叫中心、产品展示中心、产品评估中心、仓储中心、物流配送中心、电子商务培训教育中心、大学生创业中心配套服务中心九大中心于一体的电子商务产业生态园区。园区建成并运作成熟后，将产生巨大的经济效益，推动本土经济发展。电子商务产业园将助力企业抢占全球市场，宣扬“东莞制造”的品牌形象，培育开放、繁荣、和谐的电子商务生态圈。

东莞国际商贸平台将不断创新电子商务模式，助力企业应用电子商务快速发展，打造东莞最具影响力的电子商务平台和电子商务品牌，树立起“找东莞产品，上东莞国际商贸平台”的旗帜。

B.30

电商产业集群，助力中国转型升级

——广东五行电子商务产业园集群有限公司

广东五行电子商务产业园集群有限公司（以下简称“集群”）是电商、科技、创意园区开发、运营、管理及服务体系建设的运营公司，致力于在转型升级的中国社会，为政府发展目标服务，提升所在地土地项目及物业项目的社会经济功能尤其是经济价值。集群旗下设立一系列子公司（见图1），主导众多实体园区及服务平台的建设，承担并建设了广佛数字创意园、五行科技创意园、龙腾18电子商务产业园、广一国际电子商务产业园、1601电子商务时

图1　广东五行电子商务产业园集群

尚岛、汕头五维电子商务产业园、南方传媒文化创意产业园等园区，运营总面积达50万平方米。

集群拥有丰富的电商、科技、创意园区投资、规划咨询、品牌建设、推广招商、日常运营的经验及实力，能高效推动企业创业成功、快速成长，实现土地及物业的效益和增值。集群正在全国拓展电商城项目，以多种投资组合，打造中国连锁电商产业园第一品牌。集群的成功经验在于以下四个方面。

（一）以电商园建设策动区域经济转型升级

集群一贯以城市升级运营、产业提升孵化为核心思维，将集群园区的发展深深植根于所在地经济升级和城市升级两大土壤，来策划、推动和孵化园区项目，实现多赢。2011年，集群率先提出了建设广州花地河电子商务集聚区，率先运营集聚区首个电子商务产业园——广佛数字创意园。两年时间，花地河电子商务集聚区已集聚了唯品会、梦芭莎、广东塑料交易所等一批电子商务龙头企业。2012年下半年，集群又启动了广州南中轴电子商务大道建设工作，推动一期五大电商园区38万平方米建设，承担运营任务，负责规划、建园、运营、招商、企业服务及政策实施等全面工作，助力地方政府产业转型升级。

（二）构建电商产业链，打造电商园系统

集群通过对产业园区的开发、运营、管理及服务体系的建设，吸引实体企业进驻产业园，通过实体展示、分销渠道等建设，协助传统品牌商家打通电子商务销售链条，最终实现网络与实体、直营与分销多管齐下的复合商业模式，打造电子商务生态圈，推动入驻企业孵化发展。集群以整体包租和合作共建等多种方式，有效地实

现了物业价值提升。集群旗下园区各具特色：广佛数字创意园，以引进电子商务、网游动漫、设计艺术、文化创意等为特色，提供无场地注册和托管服务；五行科技创意园，毗邻陈家祠景区，集科技创意与传统工艺于一体，内设“广州市三雕一彩一绣工艺展示中心”；龙腾18电子商务产业园，是全国首个会展经济与电商产业融合的电子商务产业园，落地实施海珠区电子商务有关扶持优惠政策；广一国际电子商务产业园，为广州南中轴电子商务大道核心园区，是以引进具有国际竞争力的电子商务企业为主，打造网上交易与实体展示结合的电子商务产业园；1601电子商务时尚岛，是以时尚消费品为主题特色的高端电子商务和科技企业总部集聚区；汕头五维电子商务产业园，与汕头市政府和凯撒集团合作，致力于将龙湖珠津工业区（21万平方米）改造成“传统优势产业电子商务孵化基地”；南方传媒文化创意产业园，该项目被列入广东省现代产业500强，集聚了广东省南方文化产权交易所、广东文化产业投资管理有限公司、腾讯大粤网等高端企业。

（三）构建完善的电子商务公共服务体系

集群已经建设完善线上线下平台，整合链接150多家电子商务第三方服务机构，通过平台向全市电子商务园区和电子商务企业、传统企业提供电商营销、电商渠道、在线支付、物流、电商代运营、电商咨询、电商摄影、电商网络技术、电商投资等服务。目前，这些服务汇聚在“广州电子商务网”线上平台，全广州市的用户可以在线实时联络获取电子商务公共服务。该项目2012年获得国家发改委国家电子商务试点认定。

集群集聚社会优势资源，全方位构建政商学界合作平台，汇聚了丰富的政府、协会、专家资源以及强大的投融资平台，为企业提供电子商务业务开发、代运营、科技创新、人才支撑和培训、供应链整合、投融资、顾问咨询、生活后勤等全方位的第三方服务。

（四）打造全国电商产业园第一品牌

集群的快速发展，得益于中央、省、市、区各级政府的高度重视和支持。集群以此获得多个发展机会，不断地将电子商务各方行业资源汇聚在一个平台，形成合力，极大地推动了行业的发展。目前，集群正积极向全国输出广东电商园区的运营管理经验，在全国发展电商城项目。

紧紧依托自身的发展，通过以市场化运作为主的模式，集团将引入社会各种优质资源，拓展省内外产业园建设，推进产业转型升级，努力打造电商产业园第一品牌，为电子商务产业聚集发展再创佳绩。

B.31

自建系统寻突破，线上线下创销售

——真维斯服饰（中国）有限公司

（一）企业基本情况

1. 企业简介

真维斯服饰（中国）有限公司（以下简称“真维斯”）成立于1993年，注册资本1000万美元，拥有1万多名员工，为港商独资企业，总部设在广东省惠州市。2012年，真维斯品牌销售额达49亿元，在中国休闲服行业中处于龙头地位。

2. 企业经营的主要产品及服务领域

目前，真维斯主要生产销售各类中高档服装、服饰；组织旭日集团所属三资企业生产所需原辅材料的国内采购及统筹其产品内销，同时销售国内三资企业及其他企业所生产的纺织品、鞋、帽及皮具等系列产品；对旭日集团所属企业的营运场所和专卖店提供租赁、产品推广、人力资源等管理及服务。

（二）企业电子商务发展情况

1. 电子商务销售情况

为迎合消费者消费习惯转变及拓宽销售渠道，真维斯于2009年底涉足电子商务，借助淘宝网这个中国最大的电子商务第三方平台开设第一间真维斯网店，并于翌年7月成立独立的电商部门，由纯粹的实体店经营者转型为电子商务网店。目前，真维斯于天猫、淘宝网、京东商城、凡客商城、1号店及当当网等平台共开设了8家网店。

自2009年发力电商业务以来，真维斯销售连年实现跨越式增长（见图1）。

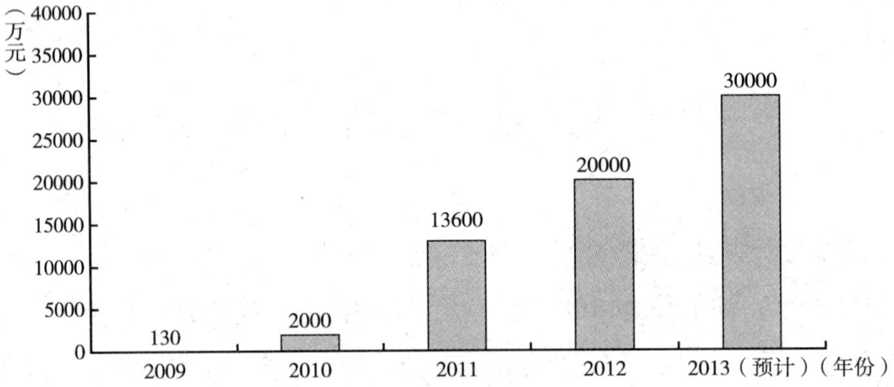

图1　2009～2013年真维斯服饰销售业绩

值得一提的是，2012年真维斯第三次参与淘宝网“双十一”活动，单日成交额突达5678万元，蝉联休闲服类别商品销售量第一名。

进入2013年，真维斯电子商务销售额仍将保持较好的增长势头。截至2013年6月，真维斯电商销售额当年累计达1.11亿元，比上年同期增长64%，预计全年电商销售额达3亿元。

2. 电子商务模式特点

在淘宝网、京东商城及QQ网购等网购平台的带动下，传统服装品牌企业开始纷纷“触网”，然而，传统企业在谋求突破的同时，随之而来的问题是如何协调线上销售对线下渠道销售的冲击。

一直坚持直营理念的真维斯在中国内地已建立了18家分公司和2700家专卖店，为避免线上线下店铺的“冲突”，基于自建的电商ERP系统，在获取网上订单后，系统可对顾客地址进行判断，直接将订单派发给临近顾客的18家分公司进行发货，实现就近发货。同时，销售业绩也计入各地分公司的销售业绩。在这种模式下，真维斯电商部门成了各地分公司和实体店的“拉单员”，从而形成了一种“最佳协作”模式，有效地协调了线上销售对线下渠道销售的冲击。

3. 电子商务所获奖项

2012年3月，真维斯荣获“广东省电子商务示范企业”；2013年5月，荣获商务部“2013~2014年电子商务示范企业”。

（三）自建电商ERP系统

真维斯的电子商务体系建设经历了一个痛苦时期。2010年，真维斯第一次参与天猫光棍节促销，一天时间接到10万份销售订单，如何快速处理订单信息及发货成了问题。2010年光棍节促销艰难的经历让真维斯意识到信息处理对电子商务发展的重要性。

真维斯电子商务销售能快速发展，得益于自主研发的电商ERP系统。从库存维护及商品自动上下架、第三方平台下载订单开始，到订单自动分货、货仓按系统提示捡货、发货后物流信息反馈等，整个网络销售系统完整、快速，并与集团ERP系统实现对接，实现数据共享（见图2）。

1. 共享库存

目前，真维斯已实现线上线下共享库存。在线上网店产生销售后，根据预设的标准库存，系统自动从线下库存对线上库存进行补货。这种以销定补的方式，保证了物流中心的商品库存流向最有利的销售渠道，完善了实体店与网店之间的商品分销。

而在线上网店的共享库存技术上，系统可将线上库存分为

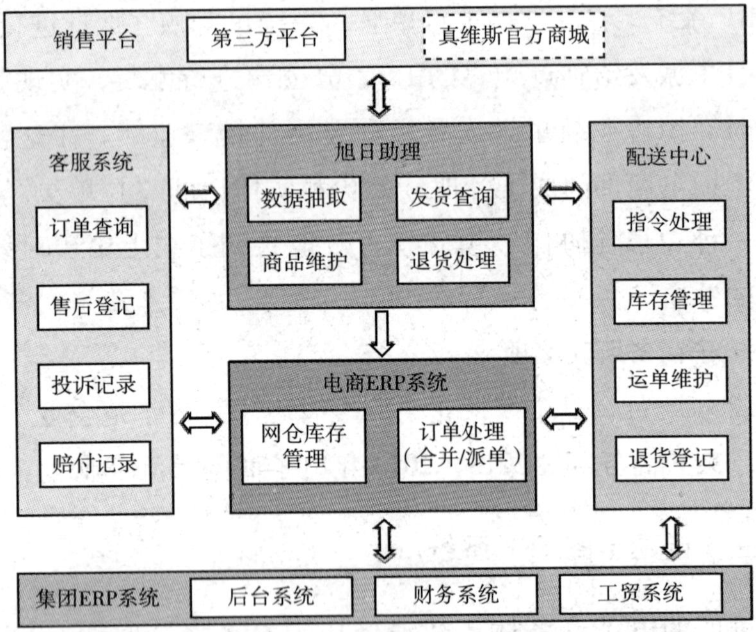

图2　真维斯服务电商 ERP 系统

“可上架数量”及“共享数量”两部分，按照预设参数，系统为每家网店分配可上架数量（可售量），当某家网店产生销售后，系统自动使用“共享数量”对该店库存进行补充。在这种模式下，可即时对网店库存进行补货，并将库存分配给有利的销售店铺，极大地提升了商品销售机会。

2. 第三方平台订单下载

真维斯在各平台共开设 8 家网店，日均订单约 5500 份，为提升订单处理效率及防止漏单，系统已配套自动下载订单功能。在分时段完成订单下载后，系统会以邮件方式通知用户下载情况，减少手工操作，从而有效地避免漏单。

3. 订单自动分货

真维斯依托实体经营设立的物流中心，可于 15 个省份联动发货。系统根据顾客地址，将订单分配给临近顾客的仓库发货，当临近的仓库库存不足时，再由别的仓库发出，通过系统判断，实现就近发货。针对一单多件商品的订单，在订单分配时，系统会根据各仓库库存进行计算，若单个仓库可满足发货，则由一个仓库发出商品，即“整单优先原则”；若无法在单个仓库整单发货而需拆分由多个仓库完成发货，此时系统会根据最少地发货及就近发货原则进行订单分配。针对各种情况，由系统计算出最优的分货方式，为真维斯在配送成本及配送时效上赢得了优势（见图3）。

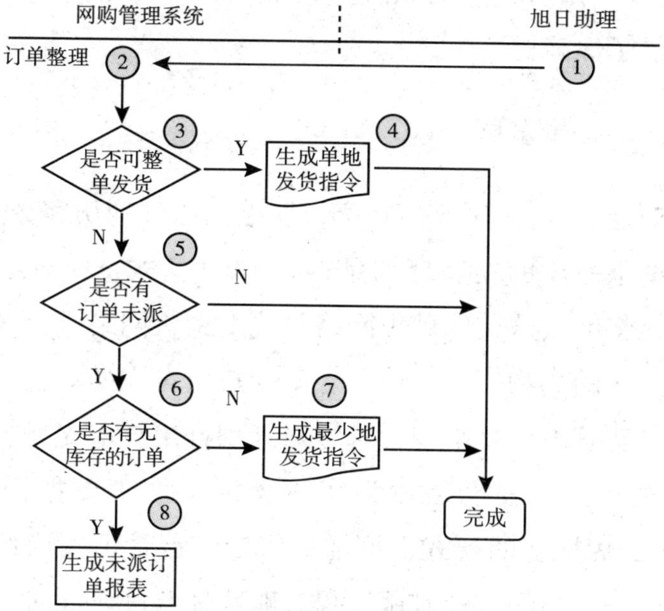

图3 网购管理系统

4. 快递选择逻辑

为降低配送成本及改善配送时效，真维斯电商ERP系统配套了“快递供应商选择逻辑”。在分配订单时，系统根据各快递供应商的单价及时效性进行对比，计算出最优的物流供货商进行配送，这种模式不仅降低了配送成本、提高了时效性，而且在物流供应商之间形成竞争，保障了物流服务。

5. 发货信息反馈

通过在系统中对发货的各个环节定义状态，可实时查询订单的处理情况，时时监控仓库发货进度。在仓库发出商品后，订单状态实时回传至总部，系统定时将发货信息自动更新到平台，让顾客及时了解到发货情况。

集团现有研发人员100多人，根据电商业务的发展及调整，强大的IT研发团队可迅速对系统进行优化，为真维斯电子商务的快速发展提供了保障。

（四）下一步发展计划

真维斯现有专卖店约2700家，线上网店日均访客数达15万人次；真维斯下一步的发展计划是推行O2O模式，实现线上、线下资源共享，将庞大的实体销售网络与线上销售网络进行融合，为顾客提供多元化的购物体验，让顾客享受自由自主的购物方式。

通过自建官方商城平台，真维斯计划推出线上支付、线下店铺取货的服务模式，使网络成为实体经济延伸到虚拟世界的“前台”。这种到店取货的模式，可增加店铺客流量，并让顾客体验店铺专业的服务，当场试穿衣服，提升购物体验度。同时，亦计划于实体店铺配套上网设备，供顾客访问官方商城。当选购的商品出现色码缺货，或未能在店铺选购到合适的商品时，顾客可访问真维斯官方商城选购喜欢的商品。顾客完成网络交易后，可提供门店自取或快递送货服务，满足顾客购物需求。这种模式有效地解决了店铺库存不足问题，提高了店铺面积使用率，并提升了顾客的购物体验度及选购商品的便捷性，更好地发挥了真维斯品牌“物超所值”

的经营理念。

电子商务对真维斯来说增加了一个全新的销售渠道，对公司的意义并不仅限于一年增加1亿元或几亿元的销售额。电子商务作为未来世界的主流销售渠道之一，企业只有不断对其创新、突破，才可以在未来的竞争中脱颖而出。

“穷则独善其身，达则兼济天下”是真维斯的经营宗旨，真维斯作为中国休闲服行业的龙头企业，愿意将如何经营电子商务的经验与同行分享，共同促进电子商务行业的快速发展。

B.32

电商时代大整合，生态服务促发展

——广州大卓网络科技有限公司

在高速发展的电子商务服务商领域，有这样一家企业，通过创始人在业界的经验、影响力和团队的勤奋努力，整合了数百家电子商务行业内优质的服务商资源，创造性地与多个区域政府合作建立电子商务公共服务体系，通过政府购买服务的方式，为产业集群企业、电子商务园区载体建设提供一站式服务，在国内率先实现公共服务体系市场化运作，这就是广州大卓网络科技有限公司（以下简称“大卓电商”，http：//www. dorich. cn，见图1）。

图1　大卓电商网页

大卓电商为业界提供区域策略研究及企业电子商务咨询辅导、电子商务公共服务体系建设与运营、电子商务 O2O 载体园区投资与运营等服务。大卓电商是阿里巴巴等平台合作伙伴，阿里学院合作机构，广东省电子商务协会副会长单位，广东省网商协会副会长单位，珠海和无锡等地电子商务协会发起单位，“广货网上行”活动合作单位，广东开放大学、广东理工职业学院、广东青年职业学院等院校合作单位，被评为华南极具价值的电子商务服务商，并获得广东省工商行政管理局首批授予的“广东省守合同重信用企业（网商）”，以及“广东省优秀信用企业”荣誉称号。

大卓电商于2011年率先提出了电子商务服务生态圈概念，系统化地解析了电子商务服务结构（见图2），亦将企业发展定位为整合型服务商，在市场运作中逐渐彰显了整合服务的商业价值。

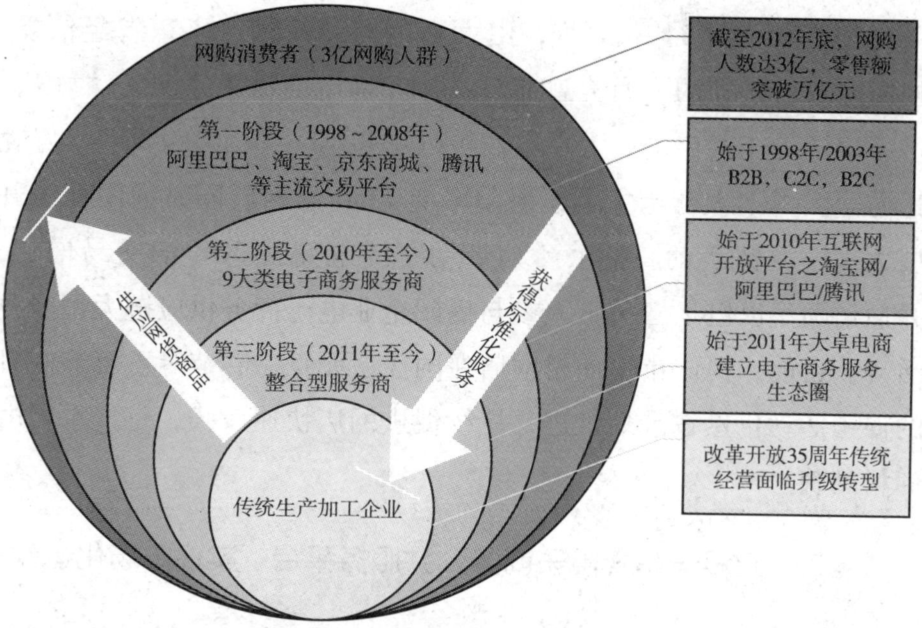

图2　大卓电商生态服务体系

（一）因为专业获得政府信任，助力产业政策规划及实施

大卓电商团队具有深厚的产业政策研究能力，核心团队成员是受聘于多个省份的电子商务顾问及专家。作为电子商务行业成长的实践者，早在2007年电子商务发展初期，大卓电商就协助浙江省政府经贸部门策划了影响传统批发市场电子商务应用的“5111工程”，以及多项电子商务扶持政策；协助广东省批发市场行业协会规划了批发市场一站式电子商务服务体系。近年来，大卓电商参与了包括广东省电子商务发展规划、“广货网上行”活动、“惠货网上展销平台”建设，及珠海、东莞、无锡、顺德等多个地市区的电子商务扶持政策制定。近期，正在参与“广东省电子商务综合服务平台”的规划编制工作，这又是涉及全省电子商务服务产业发展的重要工作。

2013年9月11～22日，由大卓电商总策划，广东省经信委、揭阳市政府指导的“月光盛典”揭阳军埔电商村千家网店“好礼”进万家活动正式启动。大卓电商策划了包括“好礼送父母”“好礼送游子”等七大营销主题，揭阳军埔1350家网店同时抱团上线开展大规模促销活动。整个活动带动军埔电商村30%的交易增长，并邀请阿里巴巴运营负责人参与揭阳企业电子商务供应链大型沙龙活动。目前，揭阳市军埔村网店在国庆、元旦、春节等重要节假日的促销活动仍然按计划推进，持续促进网店快速成长，打造军埔电商村品牌。

（二）建设一站式电子商务公共服务平台，实现市场化运作

大卓电商携手整合的数百家电子商务服务商，自2012年起，已经先后为珠海市、无锡市、东莞松山湖、顺德区容桂镇等政府建

设运营电子商务公共服务中心，为区域内传统企业提供电子商务培训、咨询辅导、电子商务金融、电子商务仓储、电子商务运营分销、电子商务 IT 系统、电子商务人才孵化、电子商务营销等服务；同时，帮助区域政府建设电子商务大数据平台、电子商务公共服务在线平台、电子商务人才孵化平台等公共服务平台。

大卓电商仅咨询培训服务对象就包括广东省国资委、广东省经信委、广东省党校、无锡市、珠海市、揭阳市、江苏省工商体系、广东省关工委、中国纺织品工业协会、广东省批发市场行业协会、中山大学 EMBA、华南理工大学 EMBA、深圳众信电子商务交易保障中心等，及新塘服装商贸城、广佛智城、建设摩托、泸州老窖、金帝狮、玛龙仕、丰业电器等 6000 多家企业。

大卓电商所整合提供的行业内电子商务高端服务，极大地促进了区域内企业电子商务应用能力的提升，也促进了区域政府下决心通过购买服务等方式，将电子商务应用服务扎根当地，帮助产业集群企业快速实现转型升级和可持续发展（见图 3）。

（三）关注电子商务载体建设，发展 O2O 商业模式

大卓电商长期关注电子商务线上市场价值与线下商业价值的融合发展。大卓电商创始人曾经在传统行业工作多年，管理过 IT 产品品牌市场、渠道分销、进出口贸易、数码产品研发等多个部门，也曾在国际著名的阿里巴巴公司任职战略项目合作部、华南大区重要管理职务，早在 2007 年就开始参与传统批发市场、展会等商业流通及服务体系的电子商务化运作，包括电子商务服务战略投资等。这在很大程度上为大卓电商将电子商务 O2O 模式从概念到信息系统开发、商业运营实践创造了条件。在全国范围内的 O2O 商业应用上，大卓电商相对处于领先水平。

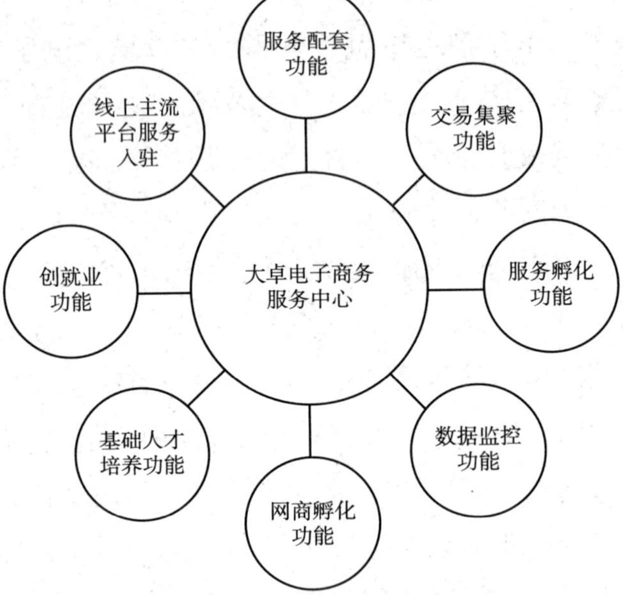

图3　大卓电子商务服务功能

2011年、2012年，大卓电商先后主导了无锡麦库电子商务产业园（建筑面积16万平方米）、珠海海纳城电子商务商业综合体（建筑面积22万平方米）的规划和运营实施工作。无锡麦库电子商务产业园的规划建设得到了无锡市政府的高度重视，被列为重点建设电子商务载体和国家级示范基地候选园区；珠海海纳城电子商务商业综合体的规划建设，因为其超前的O2O应用理念和关注网购消费者服务的商业价值体现，被珠海市列为电子商务龙头企业，珠海海纳城大卓电子商务服务有限公司被珠海市列为“三高一特”重点培育企业。大卓电商运作的电子商务产业园正在全国范围内为企业电子商务应用及网购消费应用创造着越来越多的O2O价值。

大卓电商的企业使命是让商业应用变得简单，并立志在五年内成为中国用户规模最大的电子商务框架服务商，使电子商务进入每一家企业。提到大卓电商的发展愿景，大卓电商首席运营官（COO）莫海涛先生描绘到：大卓电商是将行业经验、商脉资源、商业原则、政策把握相融合的电商服务机构。如果来描述大卓电商的服务能力，可以更多地看看大卓电商身边的合作伙伴是谁，在电子商务迅速发展的大环境下，协同政府，联合行业，牵手企业，共同整合服务产业链，打造可持续发展的电子商务服务生态体系，这是这个时代的需要，也是大卓电商的目标与理想。

B.33

跨境电商，创进出口通关

——广东环球汽车用品有限公司

（一）概况

广东环球汽车用品有限公司（前身为1988年在广州成立的广州市穗海企业有限公司）于1997年更名成立，是国内最早的汽车用品企业，至今有25年的历史，位于全国汽车用品开创地和集散地的广州市越秀区永福路，是国内最早的集开发、生产、批发、进出口汽车用品于一体的企业，产品销往国内各省市和世界各地，现有供求厂商超过1000家，2012年营业额超过3亿元，是汽车用品行业纳税大户。

1999年，全面投资开发中国汽车用品网；立足汽车用品行业，为行业各商家提供交流平台。2003年，推出汽车用品行业B2B功能。2007年，获广州市信息化办公室“企业信息化示范项目”（2007年唯一一家电子商务信息化示范单位）。2011年6月，荣获商务部首批“国家级电子商务示范单位”称号。2012年，获中国电子商务协会“企业信用评价AAA级信用企业”。2013年，荣获商务部“2013～2014年度电子商务示范单位”，以及广东省“2013～2014年度省级电子商务示范企业”。

（二）基本运营情况

中国汽车用品网（www.car2100.com）经过十多年的行业

B2B 建设开发，逐步完善上游产业，涵盖了汽车用品企业的各种汽车用品生产商、品牌商，下游主要是各个贸易商家、网店店主，终端是消费者。结合环球汽车用品行业论坛、门户网站，将自身定位为汽车用品行业的信息供应商和网络分销批发平台，在上游生产商与终端销售商之间起着联通的作用。目前，中国汽车用品网注册会员约为 10 万，其中企业会员 8 万多家，个人会员 2 万名。网站包括产品信息 40 多万条、供求信息 40 多万条、资讯信息 4 万多条。

2012 年，旗下的环球商城（www. hq53. com）上线，这是汽车用品的零售、批发、分销商城。

（三）示范点

1. 示范点一

（1）中国汽车用品网

中国汽车用品网页面如图 1 所示。

（2）环球商城

环球商城可实现汽车用品零售、批发、分销商预付款、淘宝三级分销，其网站页面如图 2 所示。

2. 示范点二

（1）跨境电子商务平台（进口）

环球购（www. hq49. com）跨境电子商务平台上的商品在其宝贝详情页面均显示关税和运费，每种商品的关税系统自动按照《中华人民共和国进境物品完税价格表》中所规定的税率来计算，真正做到价格、关税透明；运费按收件地址自动计算，而商品支付总额 = 产品价格 + 关税 + 运费。通过该平台，可以让消费者在选购商品时完全清楚地了解商品的价格明细（见图 3、图 4）。

图1　中国汽车用品网首页

图2　环球商城网页

图3　环球购首页

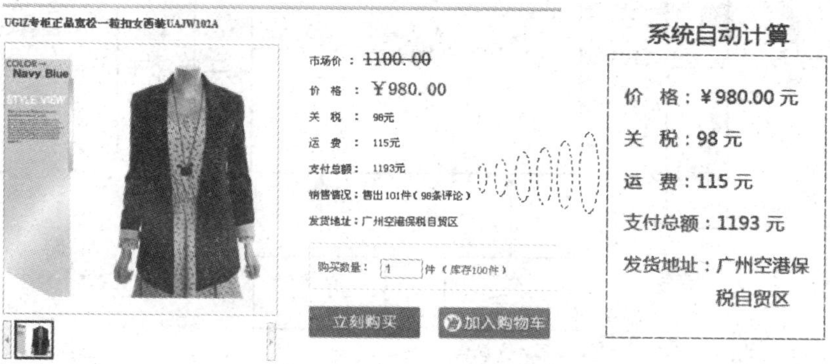

图4　环球购商品详细页

（2）跨境电子商务平台（出口）

公司推出了环球购（www. hq59. com）跨境电子商务平台（见图5），其具体运作模式见图6。

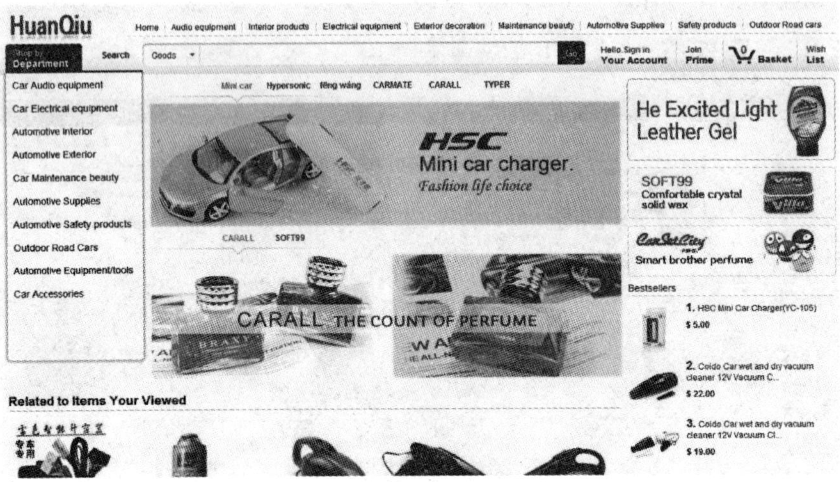

图 5　环球购首页

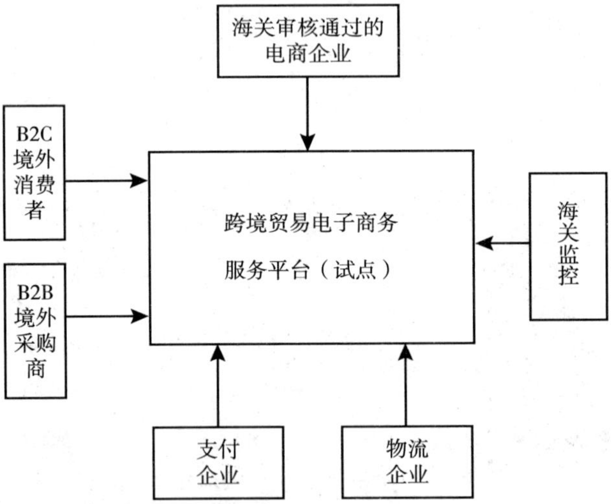

图 6　跨境电子商务平台（出口）运作模式

（四）未来发展方向、规划

1. 国内外电子商务平台发展规划

未来几年内，公司还将继续开发并完善 B2B、B2C、B2B2C，多平台功能对接，企业一次上传资讯、产品，多平台同步发布，多语言同步翻译等，开拓、完善、创新国内外电子商务业务。

2. 跨境电子商务平台发展规划

跨境电子商务平台的服务范围包括 B2B、B2C、B2B2C、企业备案、商品备案、个人消费者认证、交易信息、保税进出口等，将继续完善支付、物流快件、报关、电子口岸对接、检验检疫、海关监管、集报、外汇、国税、工商、保税区、自贸区管理等方面的功能。

附　　录

Appendixes

B.34

电子商务发展“十二五”规划

前　言

加快发展电子商务，是企业降低成本、提高效率、拓展市场和创新经营模式的有效手段，是提升产业和资源的组织化程度、转变经济发展方式、提高经济运行质量和增强国际竞争力的重要途径，对于优化产业结构、支撑战略性新兴产业发展和形成新的经济增长点具有非常重要的作用，对于满足和提升消费需求、改善民生和带动就业具有十分重要的意义，对于经济和社会可持续发展具有愈加深远的影响。

本规划是落实《2006～2020 年国家信息化发展战略》《国民经济和社会发展第十二个五年规划纲要》和《国务院办公厅关于加

快电子商务发展的若干意见》的重要举措，是“十二五”时期进一步推动电子商务发展的指导性文件。

一 发展现状与面临的形势

“十一五”期间，我国电子商务保持了持续快速发展的良好态势，交易总额增长近2.5倍，2010年达到约4.5万亿元。电子商务发展的内生动力和创新能力日益增强，正在进入密集创新和快速扩张的新阶段。

（一）发展现状

电子商务不断普及和深化。电子商务在我国工业、农业、商贸流通、交通运输、金融、旅游和城乡消费等各个领域的应用不断得到拓展，应用水平不断提高，正在形成与实体经济深入融合的发展态势。跨境电子商务活动日益频繁，移动电子商务成为发展亮点。大型企业网上采购和销售的比重逐年上升，部分企业的电子商务正在向与研发设计、生产制造和经营管理等业务集成协同的方向发展。电子商务在中小企业中的应用普及率迅速提高，2010年中小企业网上交易和网络营销的利用率达到42.1%。网络零售交易额迅速增长，“十一五”期间年均增速达100.8%，占社会消费品零售总额比重逐年上升，成为拉动需求、优化消费结构的重要途径。2010年我国网络零售用户规模达1.61亿，交易额达到5131亿元，占社会消费品零售总额比重达到3.3%。

电子商务支撑水平快速提高。“十一五”期间，电子商务平台服务、信用服务、电子支付、现代物流和电子认证等支撑体系加快完善。围绕电子商务信息、交易和技术等的服务企业不断涌现，

2010年已达到2.5万家。电子商务信息和交易平台正在向专业化和集成化的方向发展。社会信用环境不断改善，为电子商务的诚信交易创造了有利的条件。网上支付、移动支付、电话支付等新兴支付服务发展迅猛，第三方电子支付的规模增长近60倍，2010年达到1.01万亿元。现代物流业快速发展，对电子商务的支撑能力不断增强，特别是网络零售带动了快递服务的迅速发展，2010年全国规模以上快递服务企业业务量达23.4亿件，业务收入达574.6亿元，其中网络零售带动的业务量占快递总量的一半左右。2010年底有效电子签名认证证书持有量超过1530万张，电子证书正在电子商务中得到广泛应用。通信运营商、软硬件及服务提供商等纷纷涉足电子商务，为用户提供相关服务。

电子商务发展环境不断改善。“十一五”期间，我国网络基础设施不断改善，用户规模快速增长，2010年互联网普及率达34.3%，网民规模达到4.57亿，移动电话用户数达到8.59亿，其中3G用户数达到4705万。网络服务能力不断提升，资费水平不断降低。全社会电子商务应用意识不断增强，应用技能得到有效提高。电子商务国际交流与合作日益广泛。相关部门协同推进电子商务发展的工作机制初步建立，围绕促进发展、电子认证、网络购物、网上交易和支付服务等主题，出台了一系列政策、规章和标准规范，为构建适合国情和发展规律的电子商务制度环境进行了积极探索。

电子商务的发展仍然存在着一些比较突出的问题。一是电子商务对促进传统生产经营模式创新发展的作用尚未充分发挥，对经济转型和价值创造的贡献潜力尚未充分显现。二是电子商务的商业模式尚不成熟，服务能力尚待增强，服务水平尚待提高，服务范围尚待拓展。三是电子商务发展的制度环境还不完善，相关法律法规建设滞后，公共服务和市场监管有待增强，信用体系发展亟待加强，网上侵犯知识产权和制售假冒伪劣商品、恶意欺诈、违法犯罪等问题不断发生，网络交易纠纷处理难度较大，在一定程度上影响了人们对电子商务发展的信心。四是推进电子商务发展的体制机制有待健全，投融资环境有待改善，统计与监测评价工作亟待加强，全社会对电子商务的认识有待进一步提高，对网络空间的经济活动规律有待进一步探索。

（二）面临的形势

随着我国工业化、信息化、城镇化、市场化和国际化的深化发展，电子商务将迎来加速发展的战略机遇期。

经济转型升级给电子商务发展提出新需求。“十二五”时期，我国经济发展面临资源环境约束增强、产业结构不合理、投资和消费关系失衡等重大问题，亟待通过信息化与工业化深度融合转变经济发展方式。迫切需要进一步发挥电子商务在创新企业生产经营模式、提高产业组织效率、激发市场活力、优化资源配置、促进节能减排、带动新兴服务业发展中的积极作用，推动产业结构调整，拉动国内市场需求，创造新的经济增长点。

社会结构和消费观念的变革给电子商务发展带来新空间。“十二五”时期，我国社会主义新农村建设和城镇化发展步伐将进一步加快，城乡居民的生产生活方式将发生巨大变化，人均收入不断增长，消费结构升级加快，年轻一代逐步成为新的消费群体，同时，就业总量压力和结构性矛盾进一步凸显。亟需通过加快发展电子商务，促进城乡一体化的便民服务体系发展，更好地满足居民多样化、个性化的消费需求和对美好生活的新期待，带动工作方式的转变和相关服务业的发展，优化就业结构、缓解就业压力、促进社会和谐。

信息技术持续发展给电子商务发展带来新条件。宽带、融合、安全和泛在的下一代国家信息基础设施加快建设，新一代移动通信网、下一代互联网和数字广播电视网加快布局，三网融合全面推进。以云计算和物联网为代表的新一轮信息技术变革正在兴起，重点领域酝酿着新的突破。智能搜索和社区网络等应用形式不断涌现。新技术的发展为电子商务创新发展提供更好的技术条件。

全球竞争与合作深化给电子商务发展提出新挑战。电子商务已成为全球一体化生产和组织方式的重要工具，各国在通过电子商务争夺资源配置主动权、提高经济竞争力的同时，也在密切关注电子商务发展中的不确定性，加强市场风险防范。为赢得国际经济竞争与合作的新优势，我国亟需加快和务实发展电子商务，结合“引进来”和“走出去”战略，利用好“两个市场、两种资源”，提高我国产业和资源的组织能力，优化在全球产业分工中的定位布局，提高国际竞争力。

二　指导思想、基本原则与发展目标

（一）指导思想

以邓小平理论和“三个代表”重要思想为指导，深入贯彻落实科学发展观，立足全面建设小康社会的战略目标，以科学发展为主题，以服务于加快转变经济发展方式为主线，以创新发展为动力，以普及和深化电子商务应用为重点，以营造良好的制度环境和社会环境为保障，不断提高产业组织化程度和资源配置能力，进一步发挥电子商务在经济和社会发展中的战略性作用。

（二）基本原则

企业主体，政府推动。充分发挥企业在电子商务发展中的主体作用，坚持市场导向，运用市场机制优化资源配置。处理好政府与市场的关系，创建更加有利于电子商务发展的制度环境，综合运用政策、服务、资金等多种手段推进电子商务发展。

统筹兼顾，虚实结合。坚持网络经济与实体经济紧密结合发展的主流方向，全面拓展电子商务在各领域的应用，提高电子商务及相关服务水平，努力营造全方位的电子商务发展环境，推动区域间电子商务协调发展。

着力创新，注重实效。推动电子商务应用、服务、技术和集成创新，着重提高电子商务创新发展能力。立足需求导向，坚持务实创新，选准切入点，注重应用性和实效性，避免盲目跟风和炒作。

规范发展，保障安全。正确处理电子商务发展与规范的关系，在发展中求规范，以规范促发展。以网络运行环境安全可靠为基础，促进网络交易主体与客体的真实有效、交易过程的可鉴证，加强对失信行为的惩戒力度，形成电子商务可信环境。

（三）发展目标

总体目标是：到 2015 年，电子商务进一步普及深化，对国民经济和社会发展的贡献显著提高。电子商务在现代服务业中的比重明显上升。电子商务制度体系基本健全，初步形成安全可信、规范有序的网络商务环境。

具体目标是：电子商务交易额翻两番，突破 18 万亿元。其中，企业间电子商务交易规模超过 15 万亿元。企业网上采购和网上销售占采购和销售总额的比重分别超过 50% 和 20% 。大型企业的网络化供应链协同能力基本建立，部分行业龙头企业的全球化商务协同能力初步形成。经常性应用电子商务的中小企业达到中小企业总数的60%以上。网络零售交易额突破3万亿元，占社会消费品零售总额的比例超过9%。移动电子商务交易额和用户数达到全球领先水平。电子商务的服务水平显著提升，涌现出一批具有国际影响力的电子商务企业和服务品牌。

三 重点任务

（一）提高大型企业电子商务水平

发挥大型企业电子商务主力军的作用，进一步促进企业电子商务应用系统的规模发展和品牌建设，提高网络集中采购水平和透明化程度，提升企业营销能力。深化大型工业企业电子商务应用，促进实体购销渠道和网络购销渠道互动发展，提高供应链和商务协同水平。推动大型商贸流通企业通过电子商务提高流通效率，扩展流通渠道和市场空间。鼓励有条件的大型企业电子商务平台向行业电子商务平台转化。

专栏1 大型工业企业电子商务协同

在原材料、装备制造、消费品、电子信息、国防科技等重点工业领域，深化电子商务应用，提高大型工业企业的供应链管理水平。引导大型工业企业提高网上集中采购水平，建立具有行业知名度和影响力的采购平台，增强企业采购行动的协调性和竞争力。支持有条件的电子商务企业为行业用户提供网上联合采购服务，提高行业采购行动的协调性。推动电子商务与企业内部业务和管理信息系统的集成，推进企业间网上协同研发、设计和制造，增强产业链商务协同能力。支持大型工业企业利用电子商务增强与产业链下游企业的协同能力，促进产品分销和售后服务水平提升。

（二）推动中小企业普及电子商务

鼓励中小企业应用第三方电子商务平台，开展在线销售、采购等活动，提高生产经营和流通效率。引导中小企业积极融入龙头企业的电子商务购销体系，发挥中小企业在产业链中的专业化生产、协作配套作用。鼓励有条件的中小企业自主发展电子商务，创新经营模式，扩展发展空间，提高市场反应能力。鼓励面向产业集群和区域特色产业的第三方电子商务平台发展，帮助中小企业通过电子商务提高竞争力。稳健推进各类专业市场发展电子商务，促进网上市场与实体市场的互动发展，为中小企业应用电子商务提供良好条件。

专栏2　发展中小企业电子商务

支持第三方电子商务平台品牌化发展，为中小企业提供信息发布、商务代理、网络支付、融资担保、仓储物流和技术支持等服务。推动有条件的专业市场建设网络交易平台，为中小企业提供网络联合购销服务。支持中小型生产制造企业利用电子商务创新生产经营模式，开展在线购销和客户关系管理等活动，拓展国内外市场，提高经营效率和效益。引导中小型商贸流通企业通过电子商务创新服务模式，提高专业化服务能力。支持社区商业、物业和家政服务等中小企业利用电子商务服务社区，便利居民生活。加快中小企业电子商务服务体系建设，多渠道开展电子商务应用技能和信用意识培训。

（三）促进重点行业电子商务发展

积极发展农业电子商务，促进农资和农产品流通体系的发展，拓宽农民致富渠道。着力推进工业电子商务，促进工业从生产型制造向服务型制造转变。深化商贸流通领域电子商务应用，促进传统商贸流通业转型升级。鼓励综合性和行业性信息服务平台深度挖掘产业信息资源，拓展服务功能，创新服务产品，提高信息服务水平。促进大宗商品电子交易平台规范发展，创新商业模式，形成与实体交易互动发展的服务形式。推动交通运输、铁路、邮政、文化、旅游、教育、医疗和金融等行业应用电子商务，促进行业服务方式的转变。

专栏3　重点行业电子商务创新发展

深化现代农业生产组织与连锁超市挂钩的电子商务，推动涉农电子商务平台建设。支持大型商场、批发市场和连锁超市发展电子商务，创新商业模式。推进食品和药品行业的电子商务发展，降低流通成本，提高精细化管理和安全责任可追溯水平。进一步推动民航、铁路、公路和水运等行业加快拓展电子客票、电子货单等服务。鼓励邮政、快递、物流配送企业依托实体网络发展电子商务。大力发展旅游电子商务，创新旅游业发展模式，培育现代旅游服务品牌。

（四）推动网络零售规模化发展

鼓励生产、流通和服务企业发展网络零售，积极开发适宜的商品和服务。培育一批信誉好、运作规范的网络零售骨干企业。发展交易安全、服务完善、管理规范和竞争有序的网络零售商城。整合社区商业服务资源，发展社区电子商务。促进网络购物群体快速成长。拓展网络零售商品和服务种类，拓宽网络零售渠道，满足不同层次消费需求。发展个人间的电子商务，为开展二手物品交易、获取日常生活服务等提供便利。

专栏4　网络零售发展重点

支持生产企业利用品牌优势，面向消费者个性化需求，积极探索网络直销的发展模式。支持流通企业拓展网络零售渠道，结合实体店面和物流配送体系，促进网上网下互动，满足不同层次消费需求。促进网络零售企业和平台完善服务、规范运作，推动高效便捷、安全可靠的新型网络消费模式健康发展，支持网络零售企业创造国际品牌。提升具有自主知识产权的数字内容产品和服务的网络零售比重。引导相关企业扩展流通服务体系，面向社区、农村、非网络用户提供网络零售和物流配送等服务，拉动消费，便捷生活。鼓励利用微博、团购、社交网络等创新网络零售发展模式。

（五）提高政府采购电子商务水平

积极推进政府采购信息化建设，加快建设全国统一的电子化政府采购管理交易平台，探索利用政府采购交易平台实现政府采购管理和操作执行各个环节的协调联动，逐步实现政府采购业务交易信息共享和全流程电子化操作，进一步规范政府采购行为，提高政府采购资金的使用效率。

专栏5　政府采购电子商务

坚持"公开、公平、公正"的原则，完善政府采购电子商务标准规范，积极推动政府采购管理与电子交易一体化系统建设，做好采购管理与部门预算、资金支付及资产管理的衔接等工作，实现中央地方供应商库、商品信息库、评审专家库和代理机构库间的信息共享，规范操作执行程序，完善运行机制，提高采购的效率和质量，促进网上"阳光采购"工程建设。

（六）促进跨境电子商务协同发展

鼓励有条件的大型企业"走出去"，面向全球资源市场，积极开展跨境电子商务，参与全球市场竞争，促进产品、服务质量提升和品牌建设，更紧密地融入全球产业体系。鼓励国内企业加强区域间电子商务合作，推动区域经济合作向纵深方向发展。鼓励商贸服务企业通过电子商务拓展进出口代理业务，创新服务功能，帮助中小企业提高国际竞争能力。

专栏6　跨境电子商务发展重点

推进面向跨境贸易的多语种电子商务平台建设。支持电子商务企业面向两岸三地、东盟、上合组织和东北亚等周边区域开展跨境合作，支持在边贸地区、产业集中度高的区域建设跨境电子商务平台。加快推进电子商务国际标准和国家标准的推广应用。引导电子商务企业为中小企业提供电子单证处理、报关、退税、结汇、保险和融资等"一站式"服务，提高中小企业对国际市场的响应能力。继续推广电子通关和无纸贸易，提高跨境电子商务效率。

（七）持续推进移动电子商务发展

鼓励各类主体加强合作，拓展基于新一代移动通信、物联网等新技术的移动电子商务应用。推动移动电子商务应用从生活服务和公共服务领域向工农业生产和生产性服务业领域延伸，积极推动移动电子商务在“三农”等重点领域的示范和推广。加强移动电子商务技术与装备的研发力度，完善移动电子商务技术体系。加快制定和完善移动电子商务相关技术标准和业务规范。

专栏7　移动电子商务试点示范

加快推动移动支付、公交购票、公共事业缴费和超市购物等移动电子商务应用的示范和普及推广。重点推进移动电子商务在农业生产流通、企业管理、安全生产、环保监控、物流和旅游服务等方面的试点应用。加强移动智能终端、智能卡和芯片、读卡机具和安全管理等关键共性技术的自主研发。支持运营企业建立安全可信的多应用管理平台。推动近距离通信（NFC）、机器到机器（M2M）等技术标准的制定和应用。面向不同的行业应用，协调制定行业技术标准和业务规范。推动移动支付国家标准的制定和普及。推动移动电子商务产业链和各应用领域的相关主体加强合作，加快商业模式创新和社会化协作机制创新。

（八）促进电子商务支撑体系协调发展

探索建立网上和网下交易活动的合同履约信用记录，促进在线信用服务的发展。加快建设适应电子商务发展需要的社会化物流体系，优化物流公共配送中心、中转分拨场站、社区集散网点等物流设施的规划布局，积极探索区域性、行业性物流信息平台的发展模式。鼓励支付机构创新支付服务，丰富支付产品，推动移动支付、电话支付、预付卡支付等新兴电子支付业务健康有序发展，满足电子商务活动中多元化、个性化的支付需求。推动完善电子支付业务规则、技术标准，引导和督促支付机构规范运营。鼓励发展国际结算服务，提高对跨境电子商务发展的支撑能力。鼓励电子商务企业与相关支撑企业加强合作，促进物流、支付、信用、融资、保险、检测和认证等服务协同发展。

专栏8　电子商务支撑体系集成创新

提高物流企业信息化水平，促进物流服务和电子商务集成创新。推进煤炭、钢铁、塑料和粮食等大宗商品电子交易与物流服务集成健康发展。推动快递、零担、城市配送企业依托信息化提高社会化服务水平，增强对网络零售的支撑能力。适时启动物联网在物流领域的应用示范。加强支付服务创新，促进电子商务与电子支付集成发展，为用户提供方便快捷的服务。引导电子商务企业与物流企业、金融机构加强合作，探索供应链金融等服务创新。

（九）提高电子商务的安全保障和技术支撑能力

认真贯彻《电子签名法》，进一步发展可靠的电子签名与认证服务体系，提高认证服务质量，创新服务模式，推动可靠电子签名、电子认证和电子合同在电子商务中的实际应用，在统一的证书策略体系框架下推进电子签名认证证书的互认互操作，发挥电子签名的保障作用，提高电子交易的安全性和效率。鼓励软硬件及系统集成企业通过云服务等模式，为电子商务用户提供硬件、软件、应用和安全服务。鼓励通信运营商加强宽带信息基础设施建设，提高新一代通信网络的覆盖范围和服务水平，为电子商务用户提供接入、服务托管及商务应用解决方案等服务。发挥国家科技计划的引领和支撑作用，加大对电子商务基础性研究、关键共性技术的支持力度，积极开展成果转化、咨询培训等工作。

专栏9　电子商务技术研发和产业化

面向电子商务创新发展重点方向和共性工程技术问题，支持建设国家重点实验室、国家工程技术研究中心和企业技术中心。加强电子商务基础理论研究，推动射频识别、智能终端、系统集成、网络与信息安全等核心技术与关键技术的自主研发和产业化。加强电子认证、电子单证、在线支付、信用管理等电子商务安全交易技术的自主创新。研究制定针对电子商务创新的知识产权保护办法，加强对电子商务创新的保护力度。研究探索电子商务创新和科研成果产业化的财政政策，落实支持电子商务创新和科研成果转化的税收政策。

四　政策措施

（一）加强组织保障

发挥电子商务部际联席会议协调工作机制作用，加强电子商务推进工作的部门协同，落实和强化政府对电子商务发展的宏观指导。坚持统筹兼顾、动态协调的原则，创新电子商务管理机制，加强相关部门在政策制定、重大项目审理、标准规范制定等方面的协调配合，形成管理和服务合力。各地方政府要相应建立协调推进工作机制，将电子商务纳入区域的发展规划。要充分发挥相关行业协会、龙头企业、中介组织、高等院校和专家队伍等在推进电子商务中的积极作用。

（二）建立健全电子商务诚信发展环境

积极营造诚信为本、守信激励和失信惩戒的社会信用环境。推动开展部门指导、行业组织、企业和消费者参与的电子商务自律规范制定工作，大力推进企业和行业自律。鼓励符合条件的第三方信用服务机构、电子商务平台企业，按照独立、公正、客观的原则，开发利用合同履约等信用信息资源，对电子商务经营主体开展商务信用评估，为交易当事人提供信用服务。充分发挥人口、法人和地理空间等国家基础数据库以及银行征信等数据库的基础与协同作用，促进电子商务信用信息与社会其他领域相关信息的有序交换和共享，支撑社会信用体系建设。积极推进电子商务企业信用分类监管，引导企业诚信守法经营。

（三）提高电子商务的公共服务和市场监管水平

推动电子政务与电子商务的衔接，为企业提供更加有效的服务。依法有序推动政府信息资源的开放服务，提高社会化、市场化开发利用水平，改善电子商务发展环境。提高电子口岸发展水平，促进相关机构间的信息交换、业务协同，优化税费电子支付系统，提高电子商务的通关效率。建立部门间电子商务监管协调配合机制。督促网络经营主体特别是网络交易平台切实履行责任，守法经营，加强自律，维护电子商务市场秩序。依法对网上涉及行政许可的商品和服务加强监管，加强对网络信息服务、网络交易行为、产品及服务质量等的监管。加强监管方式方法的创新，加快电子商务监管信息系统与平台建设，实现监管技术手段的现代化，实施对网络商务主体、客体和过程的经常性监管，实现网上巡查的常态化。

（四）加大对电子商务违法行为的打击力度

依法组织开展网络违法交易专项整治，探索建立长效治理机制，杜绝违禁品网上销售。创新社会管理，建立投诉举报与主动发现相结合的机制，加大对利用网络进行的商业欺诈、传销、侵犯知识产权、侵犯个人隐私、侵犯商业机密、销售假冒伪劣商品、发布虚假违法广告和不正当竞争等活动的打击力度。充分利用管理和技术手段，增强电子商务网站的真实可信度。

（五）完善权益保护机制

积极研究和探索网络环境下有效维护消费者权益的制度和措施，推进12315等相关消费维权体系向电子商务领域延伸。畅通网络消费权益保护渠道，及时受理消费投诉举报并查处侵害消费者合法权益的行为。及时发布网络交易风险警示信息，提高网络消费者和经营者的风险防范意识。指导监督网站经营者建立健全消费者权益保护制度、在网站设置消费投诉举报及电子标识链接等多种形式。加强电子商务纠纷调处机制建设。坚持预防与调解相结合，建立分类处理的调处办法。鼓励当事人结合实际情况自行协商解决网上交易纠纷。督促交易平台建立数据保全机制，履行在电子商务纠纷处理中应尽的责任，协助交易双方解决纠纷。积极探索通过仲裁制度，解决电子商务交易纠纷，维护当事人的合法权益。充分发挥司法保护的作用，通过法律诉讼等途径，妥善处置各种复杂疑难电子商务纠纷。依据《侵权责任法》的相关规定，处理网络侵权行为。

（六）加强电子商务法律法规和标准规范建设

在贯彻执行现行法律法规的基础上，继续推动电子商务相关法律法规建设，研究确定电子商务立法的整体思路、调整范围和规范方式。根据需求开展相关法律法规的制修订工作。加强法律解释工作，增强现行法律法规在电子商务领域的适用性和操作性。针对网络促销、电子合同和代收货款等问题，加快研究相应的行政规章和法律法规。面向电子商务不同业务形态发展的实际需求，加快电子商务服务规范和技术标准的制修订和推广应用。着力提高电子商务服务的规范性，促进电子商务服务企业切实履行法定义务和责任，完善交易主体身份认定机制，提高电子商务信息发布、信用服务、网上交易、电子支付、物流配送、售后服务、纠纷处理等服务的规范水平。

（七）完善多元化的电子商务投融资机制

进一步拓宽电子商务投融资渠道，加强对电子商务创新创业的资本支持。培育和发展创业风险投资，促进风险资本对电子商务自主创新和创业的支持。鼓励实体企业在信息化建设中加大对电子商务的投资力度。鼓励金融机构加强对电子商务的信贷扶持。加强政府财政支持对社会投入的引导和带动作用，形成政府引导性投入与社会资本投入互补的投融资机制。加强对投融资效果的评估。

（八）加强电子商务统计监测工作

加强相关部委、地方及有关机构的联合，研究和改进电子商务发展统计指标体系与统计分析方法，逐步建立全国性电子商务调查统计制度，加强对电子商务热点问题及其与实体经济相互关系的研究。充分利用有关部门现有的电子商务企业联系机制，鼓励行业协会和社会性服务机构积极参与电子商务动态发展监测等工作，鼓励各地加强对区域电子商务发展的动态监测，拓展信息获取渠道。做好电子商务统计信息发布工作，加强政策引导。

（九）加快电子商务人才培养

积极引导有条件的高等院校，加强电子商务学科专业建设和人才培养，为电子商务发展提供更多的高素质专门人才。鼓励职业教育和社会培训机构发展多层次教育和培训体系，加快培养既懂商务又具备信息化技能的电子商务应用人才。积极开展面向企业高级管理人员的电子商务培训。鼓励有条件的地区营造良好的创业环境，吸引并帮助具有国际视野的创新创业型人才成长。

（十）加强国际合作

积极参与国际组织中电子商务相关活动，认真开展国际电子商务法规、标准制定与实施的调查研究，主动参与相关标准规范的制修订，积极参与国际双边、多边涉及电子商务的条约和协议起草工作，推动国内电子商务发展与国际对接。

工业和信息化部牵头，联合相关部门做好规划宣贯工作，增强社会各方面实施规划的主动性和积极性。建立动态评估机制，对规划实施的阶段成果实行动态监测，及时发现规划实施过程中存在的问题，适时对规划内容进行调整。加强跨部门、跨行业、跨区域的规划实施工作经验交流，不断提高工作水平。

B.35 广东省电子商务“十二五”发展规划

电子商务是通过信息化手段进行的商务活动，是我国战略性新兴产业与现代流通方式的重要组成部分。为推动我省电子商务的突破发展，根据《广东省国民经济和社会发展第十二个五年规划纲要》，制定本规划。

一 发展现状及面临的形势

“十一五”期间，我省电子商务发展总体上处于全国领先水平，与长三角、京津唐地区成为我国电子商务发展的三大增长极，正处于快速扩张的阶段，呈现专业化、规模化、集聚化发展的特点，电子商务与其他产业的融合加快，助推了经济结构调整和产业转型升级。

（一）发展现状

——电子商务规模较大。2010 年，广东省互联网普及率为 55.3%，网民规模达到 5324 万人；网络购物人数达 1927 万人，占网民总数的 36.2%；手机网民数量达 3881 万人，上网比例达 72.9%，高出全国平均水平 6.9 个百分点；电子商务交易规模不断扩大，2010 年达到 8000 亿元；大型企业网络购销比重逐年上升，电子商务已成为现代商品流通的重要手段和方式。

——电子商务应用成效显著。电子商务在我省各行业和消费领域的应用不断拓展，与实体经济融合程度不断提高，在钢铁、石化、塑料、粮食、汽车和电子等行业涌现出一批年交易额超过100亿元的电子商务平台，外贸电子商务发展迅速，移动电子商务逐渐成熟，应用电子商务的中小企业快速增加，网络购物增长迅猛。

——电子商务集聚发展程度较高。广州市被评为国家移动电子商务示范城市，深圳市成为全国首个获批开展国家电子商务示范城市创建工作的地区。在广州、深圳、佛山、东莞等地区形成了一批龙头企业集聚、集群态势明显的电子商务集聚区。

——电子商务支撑体系不断完善。电子商务信用服务、电子支付、物流配送和电子认证等支撑体系不断完善，网上支付、移动支付等支付服务快速发展。快递服务迅速兴起，出现了全国最大的民营快递企业顺丰速递公司；信用认证取得较大进展，我省三家电子商务认证公司共发数字证书超过一百万张；粤港澳电子签名证书互认取得阶段性成果。

——电子商务发展环境不断完善。电子商务发展体制机制不断健全，对电子商务发展的支持力度不断加大，云计算和物联网等现代信息技术拓展了电子商务的应用领域，电子商务标准体系建设加快推进，为电子商务的发展创造了有利条件。

（二）存在问题

我省电子商务的发展仍然存在一些问题。一是电子商务应用领域有待进一步拓展，中小企业电子商务应用水平有待提高，能引领产业链协同发展的电子商务平台和龙头企业数量较少。二是电子商务发展环境还不完善，体制机制改革有待进一步深化，监管和纠纷处理制度有待建立，信用体系建设有待进一步加强。三是电子商务发展的区域结构和行业结构不合理、服务效率不高、人才队伍相对弱小。四是电子商务标准体系建设处于起步阶段，统计和监测工作有待加强。

（三）面临形势

“十二五”时期是我省“加快转型升级、建设幸福广东”的重要时期。在全球化和信息化进一步深化的大背景下，电子商务发展将迎来重大发展机遇，同时又将面临诸多挑战。

——从国际看，全球化和信息化给我省电子商务发展带来新机遇，国际资本纷纷看好我国电子商务发展前景，并加大对我国电子商务的投资力度，为我省电子商务发展提供了重要的资本、人才和经验保障；新一代互联网、移动通信网、云计算和物联网技术的发展为电子商务模式创新提供了新技术支撑，我省电子商务发展将迎来新的重要发展机遇。

——从国内看，规范化和区域竞争给我省电子商务发展带来新挑战。“十二五”期间，国家将通过政策法规、行业标准等方式规范电子商务发展，这一方面有利于规范电子商务市场秩序，同时也对电子商务发展提出了更高要求。各地高度重视电子商务发展并加大了扶持力度，我省电子商务发展将处于前有标兵、后有追兵的竞争态势。

——从自身看，我省是“世界制造业基地”，有70多种产品产量居全国第一，同时我省也是全国消费和出口大省，为电子商务发展奠定了坚实的产业基础和消费基础。同时，我省正在大力实施“信息化与工业化融合”“生产服务业与制造业融合”发展战略，着力推动经济转型升级，迫切需要发挥电子商务在创新经营管理模式、提高产业组织效率、激发市场活力中的积极作用。此外，经济发展水平的提升、城镇化进程的加快、人均收入的增长、扩大内需政策的深入实施以及社会结构和消费观念的改变，都将给我省电子商务带来新的发展空间。

二　指导思想、基本原则和发展目标

（一）指导思想

以科学发展观为指导，以服务经济转型升级为主线，以改革发展、创新发展为动力，以普及和深化电子商务应用为重点，优化电子商务发展环境，深化电子商务与实体经济的有机融合，加快新一代网络技术的应用步伐，完善电子商务功能和配套服务体系，增强信用安全保障，提高电子商务物流配送效率，推动电子商务实现总量快速扩张、水平显著提升、应用领域明显扩大的突破发展，进一步确立珠江三角洲地区国际电子商务中心地位。

（二）基本原则

（1）政府引导、市场运作。充分发挥政府在产业政策、服务管理等方面的引导支持作用，创建有利于电子商务发展的外部环境。坚持市场化运作，发挥企业在电子商务发展中的主体作用，运用市场机制优化资源配置。

（2）重点推进、示范带动。坚持重点推进与全面发展相结合，建成一批国家级和省级电子商务示范城市、示范基地和示范企业，通过示范带动，全面提升电子商务发展水平。

（3）扩大应用、促进融合。推动网络经济与实体经济深度融合，深入拓展电子商务在各个领域的应用，推动电子商务全面融入经济社会发展。

（4）营造环境、鼓励创新。加快电子商务信用体系建设，营造电子商务领域诚实、自律、守信、互信的良好环境，鼓励电子商务发展模式、关键技术创新。

（三）发展目标

到2015年，电子商务在我省经济社会各领域的应用水平明显提高，在新技术支撑下的新一代电子商务发展实现新突破，电子商务产业体系初步建立，电子商务对经济发展的支撑和促进作用明显增强，电子商务制度建设取得突破性进展，支撑体系进一步完善，成为战略性新兴产业的重要组成部分，进一步确立我省电子商务产业发展在全国的领先地位，广东电子商务品牌的国内外影响力显著提升。

——全省电子商务交易额翻两番，突破3.2万亿元，网络购物占社会消费品零售总额的比例高于全国平均水平，企业网上采购和网上销售占采购和销售总额的比重超过60%和30%。

——电子商务企业竞争力进一步增强，一批电子商务企业进入全国百强行列，年电子交易额超过100亿元的平台超过20家。

——形成较完善的电子商务政策法规和标准体系，建立适应电子商务发展的管理体制和机制。

——建成与电子商务发展水平相适应的安全、信用、认证、支付、物流等电子商务配套服务体系。

三　主要任务

（一）推动电子商务应用普及和深化

1. 推动重点行业电子商务应用

在钢铁、石化、塑料、粮食、汽车、电子信息、家电、陶瓷、服装、家具、特色农产品等优势产业发展壮大一批专业性电子商务交易平台，不断创新行业电子商务发展模式。积极在文化、旅游、物流、教育、医疗等服务领域打造一批电子商务平台。引导现有的综合性和行业性信息服务平台向集交易、支付和信息服务于一体的电子商务平台转型。以产业集群、产业园区、专业市场为依托，建设第三方电子商务平台，鼓励大型企业的电子商务平台向社会开放，逐步向行业电子商务平台发展转型。推动大宗商品电子商务平台的规范发展。

2. 提高企业电子商务应用水平

进一步提高企业信息化水平，夯实企业电子商务应用基础。加大电子商务知识普及和宣传力度。推进大型企业深化电子商务应用，支持企业间业务流程和信息系统的互联互通，实现基于电子商务的供应链协作，增强供应商、企业和客户在线和实时协作的能力，发展电子采购和电子分销。支持大型企业自建电子商务平台，推动平台与企业内部管理系统的对接和集成。鼓励中小企业运用第三方电子商务服务平台，开展在线采购、销售、结算等电子商务应用。

3. 加快发展网络零售

鼓励大中型零售企业创新发展网络零售，建设线上线下一体化、实体与虚拟相互融合的电子商务零售平台。提升数字出版、游戏动漫的网络销售比重。鼓励发展网络零售平台和社区电子商务。大力发展电子客票、电子货单。支持和规范团购电子商务的发展。鼓励大型快递企业依托物流配送网络发展面向消费者的电子商务。有序发展自然人间（CTC）的电子商务。

4. 推进移动电子商务应用

利用新一代移动通信、物联网、云计算技术拓展电子商务应用。鼓励企业建设移动电子商务服务平台，提供移动电子商务服务。鼓励应用手机、平板电脑、手提电脑等智能移动终端，面向公共事业、交通旅游、就业家政、休闲娱乐、市场商情等领域，发展移动支付服务、便民服务和商务信息服务。完善移动电子商务技术体系、标准和业务规范。

（二）完善电子商务支撑服务体系

1. 大力发展信用服务

加快培育信用调查、认证、评估、担保等社会中介服务组织，对电子商务经营主体开展商务信用评估。建立科学的信用评价体系，促进电子商务信用信息与社会其他领域信息的对接和共享，打造涵盖线上、线下经营活动的具有公信力的电子商务信用服务平台，形成完整的电子商务信用信息服务系统，实现信用信息互联互通。

2. 积极发展电子认证服务

完善电子认证体系，为社会提供可靠的电子认证服务。支持市场化的社会征信机构开展电子商务信息服务，培育实名认证、数据保护、司法鉴定、审计取证等第三方电子商务安全服务。强化电子商务数据安全，支持全省数字证书认证中心建设。大力推动数字证书、电子印章、电子签名在电子商务领域的应用。推进跨境数字证书互认，积极推动粤港澳数字证书尽快实现互认互通。进一步规范密钥、证书、电子认证机构的管理。鼓励电子认证技术研发，支持具有自主知识产权的加密和认证技术应用。

3. 规范发展电子支付服务

鼓励金融机构建设在线支付平台，提供基于互联网、手机电话、自助终端等设施进行支付的各种电子支付服务，推动形成多元化的电子支付体系，促进电子支付良性竞争。规范和促进非金融机构电子支付业务的健康发展。鼓励开展在线支付、移动支付业务，支持发展银行卡、电子支票、手机钱包等各类电子支付和结算工具。逐步规范电子支付行为和支付接口，发展便捷、规范和统一的在线支付服务。

4. 加快发展电子商务物流服务

支持建设一批符合电子商务发展需要的物流配送中心。推动现代物流企业提高专业服务水平，增强对电子商务发展的支撑能力。支持电子商务企业与物流企业数据库的对接，提高快递、零担、城市配送企业的电子商务物流服务协同。

5. 强化电子商务投融资服务

支持设立电子商务投资机构，进一步拓宽电子商务投融资渠道，加强对电子商务技术创新和模式创新的资金支持。鼓励金融机构加强对电子商务企业的信贷支持，扩大电子商务企业贷款抵质押品范围。加强政府财政资金对发展电子商务的引导和支持作用，形成政府引导性投入与社会资本投入互补的投融资机制。

（三）优化电子商务发展环境

1. 建设电子商务聚集区

依托现有产业园区资源，建设一批电子商务集聚区。加强电子商务集聚区建设规划，完善综合服务体系，打造一批电子商务创业基地；重点支持广州市、深圳市和汕头市开展国家电子商务示范城市和示范基地的创建工作。

2. 完善相关法律法规体系

积极制定电子商务发展法律法规和自律准则。落实电子支付、电子签名、信用服务和网络安全法规。建立电子商务信用监测制度和信用评估认证制度，推进电子政务制度化建设，以电子政务促进电子商务发展。建立电子商务评级制度。引导电子商务经营主体完善内部管理制度。

3. 健全电子商务标准体系

开展在线支付、安全认证、电子单证、物流配送等电子商务配套标准和行业规范的制定工作，积极参与国际、国内电子商务标准的制定。提高电子商务信息发布、网上交易、电子支付、物流配送、售后服务、纠纷处理的标准化程度，加大行业标准及规范的应用推广、监督和认证力度。

4. 鼓励电子商务创新

利用新一代移动通信、物联网、云计算、三网融合、下一代互联网等新型信息技术，推动电子商务技术创新。着力解决制约电子商务发展的关键技术、核心技术、共性技术问题。创建国家级电子商务应用创新示范区，积极探索电子商务模式创新。

5. 加强电子商务产学研合作

鼓励高等院校、科研院所积极开展电子商务理论与应用基础研究。鼓励电子商务的产学研合作。鼓励政府、高校、企业及研究机构联合培训电子商务技术、营运和服务人才，鼓励通过校企合作创立大学生电子商务创业基地。

（四）提高电子商务国际化水平

1. 加强外贸电子商务服务应用

加强电子商务在国际贸易和对外经济合作中的应用，支持企业运用电子商务开拓国际市场，鼓励企业通过电子商务完善进出口代理业务，提高贸易便利化水平。培育一批集报关、退税、国际物流、海外仓储、汇兑服务于一体的跨境电子商务服务企业，为中小企业开展国际电子商务提供支撑。大力发展对外贸易撮合、认证征信等电子商务增值服务。建立有效的国际化电子商务运营模式，提高跨境电子商务公共服务水平。

2. 加强粤港澳电子商务合作

积极探索建立粤港澳电子商务互动发展模式，探索构建“9（珠三角9大城市）+2（港澳）一体化电子商务”体系，采取多样化、多层次、多模式的合作发展战略，推动粤港澳电子商务应用合作。

3. 培育电子商务国际品牌

鼓励面向全球产业链协作的跨境电子商务发展，支持省内大型电子商务企业走向世界，拓展国际市场，打造一批在国内外有影响力的电子商务国际品牌，充分发挥品牌企业的带动作用和示范效应，推动电子商务的国际化发展。

四　重点工程

（一）示范带动工程

支持重点城市开展国家电子商务示范城市创建工作。按照国家商务部要求，创建国家级电子商务示范基地，在电子商务示范基地形成较为完善的电子商务政策体系和高效的公共服务体系，建立较为完善的产、学、研、用合作机制。深入开展广东省电子商务示范企业创建工作，总结和宣传成功经验，发挥示范企业的示范和带动作用。

（二）龙头企业培育工程

完善电子商务投融资环境，扶持本地优势电子商务企业发展，培育本土电子商务龙头企业，打造一批在国内外有影响力的电子商务品牌企业，支持电子商务企业在国内外上市融资发展。加大力度吸引国内外电子商务运营企业特别是总部型电子商务企业落户，努力使珠江三角地区成为国内外电子商务运营企业的总部、区域总部和营运中心。

（三）网络零售试点工程

鼓励制造业企业利用自身品牌，面向消费者的个性化需求，发展网络直销。支持流通企业加强网络品牌建设，拓展网络营销渠道，结合实体店面和物流配送体系，促进线上线下互动发展。促进网络零售企业和网络销售平台完善服务、规范运作，推动高效便捷、安全可靠的新型网络消费模式的健康发展。支持网商加快发展。

（四）电子商务物流信息服务平台建设工程

在进一步加快南方现代物流公共信息平台建设的基础上，建设电子商务物流信息服务平台；加强与“泛珠三角”区域、港澳台和亚太地区的电子商务物流信息对接，支撑电子商务的快速发展。

（五）国际采购中心电子商务建设工程

支持广东商品国际采购中心加强电子商务应用建设，鼓励广东商品国际采购中心商户借助电子商务平台开拓国内外市场，打造线上线下良性互动的现代营销体系。鼓励专业市场完善电子商务交易功能，大胆探索现代网络交易方式的创新。

五　保障措施

（一）建立协调机制

建立健全促进电子商务发展的组织保障体系和工作机制，充分发挥政府部门、行业协会、重点企业的作用，形成电子商务发展合力。建立电子商务应用绩效评估机制和重点企业联系机制，建立全省电子商务专家库。建立广东省电子商务数据库、统计指标体系和监测分析系统，为电子商务发展提供研究、统计、预测等服务。

（二）加强市场监管

建立电子商务监管协调机制，促进网络交易主体守法经营，加强网上涉及行政许可的商品和服务的监管，加大力度打击电子商务违法行为、侵犯知识产权行为，完善电子商务消费者权益保护机制。

（三）加大扶持力度

加大对电子商务发展的政策扶持力度，制定扶持电子商务发展的优惠政策，在财政、税收、人才、投融资、进出口等方面支持和鼓励电子商务发展。支持电子商务企业上市融资，建立多渠道投融资体系，探索适应电子商务发展的风险投资、融资担保、责任保险等模式。研究设立广东省电子商务发展基金。

（四）加强宣传推广

加大电子商务知识的宣传和普及力度，积极举办电子商务发展相关论坛、电子商务行业博览会等活动，形成有利于电子商务发展的氛围。密切跟踪国际电子商务发展动态，建立与国内外电子商务企业、研究机构的交流与合作机制。

（五）强化人才培养

健全电子商务人才培养和引进机制，建立电子商务发展人才库，加强对企业中高层管理人员的电子商务继续教育，提高我省电子商务管理水平。

B.36
广东省人民政府办公厅关于加快发展电子商务的意见

各地级以上市人民政府，各县（市、区）人民政府，省政府各部门、各直属机构：

电子商务是以信息技术创新流通模式形成的现代流通新业态，是我省现代服务业的重要组成部分。为深入贯彻落实党的十八大精神和《国务院关于深化流通体制改革加快流通产业发展的意见》（国发〔2012〕39号），推动全省电子商务实现跨越式发展，经省人民政府同意，现提出以下意见。

一 总体要求

（一）指导思想。坚持以邓小平理论、“三个代表”重要思想和科学发展观为指导，围绕加快转型升级、建设幸福广东的核心任务，注重市场运作与政府引导相结合，依托我省产业优势，加大政策扶持力度，完善服务支撑体系，优化电子商务发展环境，促进网络经济与实体经济深度融合，推动电子商务又好又快发展，为促消费、稳增长、调结构、惠民生注入新的强大动力。

（二）发展目标。电子商务发展水平显著提升，应用领域明显扩大，交易额持续快速增长。到2015年，全省电子商务交易额比2010年翻两番，突破3.2万亿元，其中网络零售额占社会消费品零售总额的比例超过10%；产业集聚度明显提高，市场辐射力明显增强，涌现出一批国内外知名、具有重大影响力的电子商务龙头企业、电子商务平台和产业集聚区，珠江三角洲地区的国际电子商务中心地位基本确立，东西北地区电子商务加速发展。

二　加快培育一批电子商务平台和网商

（三）加快发展网络零售平台。重点发展企业与消费者间的网络零售（B2C），规范发展消费者间网络零售（C2C）和网络团购。支持建设若干个在国内领先、特色鲜明、定位清晰、错位发展的大型网络零售平台。打造一批以网络交易为核心、以供应链管理为支撑，网络零售平台与网络新“广货”品牌协同发展的网络零售企业。鼓励有条件的大型快递、物流企业利用物流配送优势发展网络购物平台。

（四）大力发展行业电子商务平台。依托产业集群和产业园区，着力在电子产品、家电、陶瓷、服装、家具、灯饰、皮具等优势产业领域发展壮大一批行业电子商务平台，重点支持广东商品国际采购中心发展行业电子商务。鼓励大型企业电子商务平台向社会开放，引导现有行业信息服务平台向集交易、支付和信息服务于一体的电子商务平台发展。支持规范发展钢铁、煤炭、塑料等大宗商品电子交易平台。

（五）培育发展综合性电子商务平台。培育一批交易商品类别齐全、市场覆盖面广、特色明显的大型综合性电子商务平台。引导大型互联网企业、电子商务集团利用会员及资金等优势，通过兼并、重组、战略合作等方式打造大型综合性电子商务平台。依托我省外贸和品牌优势，支持打造一批高端的跨境综合电子商务平台。

（六）发展壮大网商队伍。优化网商发展环境，推动创建网商发展集聚区，支持大学毕业生、个体工商户通过电子商务创业，壮大我省网商队伍。积极开展培训教育，指导和支持网商提升整体运营水平，由“创业团队”“家庭网商”向管理先进、设施完备、制度完善的现代电子商务企业转型。大力挖掘和推介一批网商成功案例，宣传推广网商发展成功经验。

三　大力普及和深化电子商务应用

（七）实施“广货网上行”工程。深入推进“广货网上行”活动，大力推介我省电子商务平台、网上商城和广货网店，推动“万家名优企业”应用电子商务“上网触电”，提升电子商务交易规模和影响力。进一步完善广货网上行官网，打造广货电子商务综合门户。加大宣传推广力度，树立广货网上行“实惠、优质、安全”的品牌形象，在全省形成应用电子商务的良好氛围。

（八）支持制造业企业发展电子商务。支持制造业企业通过第三方零售平台开设旗舰店、专卖店，开展网络直销、网上订货等业务，开拓网络零售渠道。鼓励有条件的企业自建平台。积极培育发展面向制造业企业的电子商务外包服务。指导大型骨干制造业企业发展供应链电子商务，提高供应链协同和商务协同水平，带动产业链上下游企业共同发展。

（九）支持传统商贸企业发展电子商务。支持传统大型商贸企业利用品牌信誉、采购分销和运营管理优势，通过自建、收购、兼并等方式建设网上商城，开展“线上市场”与“线下市场”良性互动的网络零售业务（O2O）。鼓励大中型批发市场的商户依托第三方电子商务平台开展网上销售。

（十）推动中小微企业应用电子商务。鼓励中小微企业运用第三方电子商务平台开展在线采购、销售等生产经营活动，提高中小微型企业应用电子商务水平。培育一批集报关、退税、汇兑、国际物流、海外仓储等服务于一体的外贸电子商务服务企业，为中小微企业开展国际电子商务特别是外贸零售电子商务提供支撑。

（十一）拓展电子商务应用领域。推动电子商务向物流、会展、旅游、教育、医疗、农业、文化、数字出版、服务贸易、社区服务、家政服务等领域拓展，大力发展网上展会、电子旅游、网络教育、网上医院、网上菜市场、社区电子商务等电子商务应用。鼓励电子商务在政府采购、招投标、药品采购等公共领域推广应用，研究建设全省统一的电子化政府采购管理交易平台。

四　完善电子商务发展支撑体系

（十二）加快推进电子商务标准化工作。加强电子商务标准化研究，制订广东省电子商务标准体系规划，抓紧出台网络（电子）发票管理规范、电子支付互联互通与安全保障规范、投诉举报处理规范、电子商务信用管理等标准规范。加快开展电子商务标准化试点和应用，通过标准化促进电子商务规范化。

（十三）加强认证和信用建设。完善电子认证体系，强化电子商务数据安全保障。推进跨境数字证书互认，积极推动粤港澳数字证书互认互通。支持信用调查、认证、评估、担保等中介组织对电子商务经营主体开展独立的网络消费信用评价，强化电子商务信用信息与其他社会领域信息的对接和共享，打造线上线下信用互通的电子商务信用服务平台。完善电子商务纠纷处理、争议调解、法律咨询等综合服务体系建设，营造公平交易环境。

（十四）增强电子支付能力。推进第三方支付平台建设，鼓励支付服务机构提供基于电脑、手机、平板电脑、智能电视等多终端的支付服务，推动形成多元化的电子支付体系，促进电子支付服务健康发展。

（十五）提升物流协同水平。加快推动物流信息化的普及应用，构建与电子商务发展相适应的现代快递、物流配送体系，增强电子商务物流服务协同能力，形成电子交易和实物配送融合发展的格局。大力推动电子商务企业与快递、物流企业对接，支持有条件的大型电子商务企业适度自建物流配送体系和物流基地（中心）。

（十六）加强专业服务机构建设。培育引进一批电子商务服务商，支持其整合国内外电子商务资源，以产业集群、专业镇等为重点，提供策划、设计、代运营、物流、信用、认证、安全、咨询、培训等一站式电子商务服务，帮助传统中小微企业加快发展电子商务。

五　推动电子商务创新发展

（十七）推进技术创新和应用。加快推动云计算技术在电子商务中的广泛应用，积极研发、推广适用于电子商务的射频识别、二维码、红外感应器和全球定位系统技术整体应用，鼓励电子商务运营商与物联网企业加强对接，提高电子商务智能化水平。大力推进无线网络的普及。

（十八）推动经营模式创新。支持发展制造业网络直销（M2C）、社交网推广、网络团购、物联网应用等电子商务新模式，积极探索发展“线上营销、线下成交”“线下体验、线上交易”等经营模式。支持开展网络拍卖、数据托管、数据分析、网上培训等新业务。

（十九）大力发展移动电子商务。积极发展基于新一代移动通信、物联网、云计算技术，更加个性化、实时化、社交化、精准化的移动电子商务服务。大力支持电子商务运营商与电信运营商、增值业务提供商和金融服务机构的对接，拓宽移动电子商务覆盖面。探索构建面向全国的移动支付体系和结算中心。

六　实施电子商务示范工程

（二十）培育引进电子商务龙头示范企业。培育和引进一批技术先进、商业模式新、规模大、资源整合力强、辐射范围广的电子商务标杆企业。重点支持国家和省电子商务示范企业发展，着力打造一批具有国内外影响力的电子商务企业。吸引国内外大型电子商务企业总部、区域总部、技术创新中心、服务中心和营运中心落户广东。

（二十一）打造电子商务示范基地和示范城市。重点支持我省电子商务产业集聚基地或园区创建国家电子商务示范基地，开展省级电子商务示范基地创建工作，加快建成一批国内知名的集研发、设计、配套服务于一体的电子商务产业基地。大力推进电子商务示范城市建设，重点支持条件成熟的地市创建国家移动电子商务试点示范城市和国家电子商务示范城市。支持建设一批电子商务创业园，打造中小电子商务企业孵化器。

七　加大政策支持力度

（二十二）强化财政支持。省财政安排专项资金，支持在我省注册的标杆性电子商务企业转型升级，培育一批国内领先的电子商务知名品牌。优先支持符合条件的电子商务企业认定为省市级企业技术中心并按规定给予资助。对新引进的知名电子商务企业总部，给予一次性奖励。以电子商务企业当年实际缴纳入库的营业税、增值税和企业所得税的省级实得部分的一定比例为标准，从省财政专项资金中对其总部企业给予奖励，具体奖励措施另行制定。省战略性新兴产业专项资金、信息服务业专项资金和中小企业发展专项资金等要加大对电子商务的支持力度。鼓励各地政府特别是珠三角地区安排专项资金，出台相应奖励措施，扶持电子商务发展。

（二十三）落实税收优惠政策。对电子商务企业为开发新技术、新产品、新工艺发生的符合税法规定的研究开发费用，未形成无形资产计入当期损益的，在按照规定据实扣除的基础上，按照研究开发费的50%在计算应纳税所得额时加计扣除；形成无形资产的，按照无形资产成本的150%摊销。积极研究解决物流企业代理采购、电子商务税收管辖、税务登记和电子发票应用等相关问题。符合规定条件的电子商务企业，可优先认定为高新技术企业、软件企业和技术先进型服务企业，按规定享受税收优惠政策。

（二十四）加强融资支持。鼓励金融机构在风险可控的前提下，采用无形资产和动产质押融资方式，扩大电子商务企业贷款抵质押品范围，探索发展网络联贷联保等中小企业网络融资产品。支持电子商务企业通过境内外证券市场融资，符合条件的可列为重点上市培育企业。支持和引导电子商务企业引入风险投资、战略投资，发行电子商务中小企业集合债券。推动设立广东省电子商务风险投资基金。

（二十五）加强用地支持。各地级以上市的用地计划指标要优先保障本地电子商务标杆企业扩大经营、国内外龙头电子商务企业落户和重大电子商务项目建设。用足用好“三旧”改造政策，在符合土地利用总体规划和城乡规划情况下，鼓励利用空置厂房、仓储用房等存量房产发展电子商务园区，在不改变用地主体、不重新开发建设等前提下，其土地用途可暂不变更。

（二十六）加强人才支持。加大电子商务人才培养和引进力度，努力建设高素质的电子商务人才队伍。鼓励和支持电子商务行业企业与省内高校开展多层次、多形式合作，加强电子商务学科专业建设，共建电子商务人才培养基地，培养精通电子商务的复合型、应用型、技能型专门人才。将符合条件的电子商务领军型人才和创新科研团队优先纳入省“珠江人才引进计划”“创新科研团队和领军人才”项目。国家和省电子商务示范企业聘用的部门经理以上人员，按照国家和省有关规定享受居留和出入境、落户、子女入学、医疗保险等方面的优惠政策。

（二十七）降低准入门槛。创新登记注册服务方式，进一步放宽电子商务企业市场准入条件，允许企业在登记注册时冠“电子商务”行业名称。降低电子商务企业出资最低限额，除法律、法规另有规定外，允许电子商务企业注册资本分期缴付，注册资本首期最低可缴纳20%，其余2年内缴足。

（二十八）完善配套措施。加强电子商务相关行业组织建设，落实政府购买服务制度，充分发挥行业组织在行业自律、统计、监测、技术推广、交流合作等方面的作用。加快研究我省电子商务统计指标体系，积极开展统计试点工作并逐步推广。研究出台广东省电子商务发展规划纲要（2012～2020年），明确中长期发展方向和任务。健全监管机制，加强电子商务知识产权保护，打击网络制假售假，引导电子商务规范有序发展。大力宣传我省支持电子商务发展政策，推广普及电子商务应用。

各地、各有关部门要根据本意见尽快出台支持电子商务发展的政策措施。

广东省人民政府办公厅

2012 年 12 月 25 日

B.37

2013 ~2014 年广东省级电子商务示范企业名单

广东省经济与信息化委员会生产服务业处

广州市

广州唯品会信息科技有限公司

（唯品会 www. vipshop. com）

广州摩拉网络科技有限公司

（梦芭莎 www. moonbasa. com）

广州酷狗计算机科技有限公司

（酷狗音乐 www. kugou. com，games. kugou. com，fanxing. kugou. com）

广州市动景计算机科技有限公司

（UC 优视 www. uc. cn）

广州市久邦数码科技有限公司

（3G 门户 3g. cn）

广州闪购软件服务有限公司

（手机购物平台——“闪购”www. iflashbuy. com ）

广州华多网络科技有限公司

（NASDAQ：YY 欢聚时代 www. yy. com）

广东南航易网通电子商务有限公司

（中国南方航空 www. csair. com）

广州市易票联支付技术有限公司

（易票联支付 www. epaylinks. cn）

广州移盟数字传媒科技有限公司

（钱库网 www. checkoo. com）

广东广新信息技术产业发展有限公司

（广东放心酒交易平台 www. gdfx9. com）

广东厚德宝网络科技有限公司

（广东省厚德宝——第三方仓储（供应链）服务提供商 www. houdebao. com）

广东本草药业连锁有限公司

（本草药房网 ebc360. com）

广州易积网络科技有限公司

（易积电器 www. yi－inc. com ）

广州爱购网络科技有限公司
（爱购网 www. igou. cn）

广州市汇美服装有限公司
（茵曼旗舰店 inman. tmall. com）

广东绿瘦健康信息咨询有限公司
（绿瘦商城 www. lvshou. com/）

广州七乐康药业连锁有限公司
（七乐康网上药房 www. 7lk. cn ）

中经汇通有限责任公司
（中经汇通 www. zjhtc. com）

广州龙媒计算机科技有限公司
（环球市场 www. globalmarket. com）

广东塑料交易所股份有限公司
（广东塑料交易所 www. gdpe. com）

广州市人文网络科技有限公司
（广贸天下网 www. mr－guangdong. com）

广州美亚电子商务国际旅行社有限公司

（美亚旅行网 www. airprice. com）

广东鱼珠木材有限公司

（鱼珠木材网 www. yuzhuwood. com）

广州市广交会电子商务有限公司

（广交会官方唯一电商平台 www. e – cantonfair. com）

广州市广百股份有限公司

（广州市广百股份有限公司 www. grandbuy. com. cn）

广东环球汽车用品有限公司

（中国汽车用品网 www. car2100. com）

广州广之旅国际旅行社股份有限公司

（广之旅 www. gzl. com. cn）

纵横天地电子商旅服务有限公司

（纵横天地旅行网 www. itour. cn）

广东省广新控股集团有限公司

（广东省广新控股集团 www. gdftc. com ）

广州市钢正贸易有限公司

（钢正网 www. psteel. net）

广州市友谊集团股份有限公司

（广州市友谊集团股份有限公司 www. cgzfs. com）

深圳

深圳市腾讯计算机系统有限公司

（QQ 网购 Buy. qq. com）

深圳走秀网络科技有限公司

（走秀网 www. xiu. com）

深圳市腾邦国际票务股份有限公司

（腾邦国际 www. feiren. com）

深圳市华动飞天网络技术开发有限公司

（A8 音乐网 www. a8. com）

天虹商场股份有限公司

（天虹商场 www. rainbow. cn）

深圳市易讯天空网络技术有限公司

（500 彩票网 www. 500. com）

深圳市网通电子商务有限公司

（网通电商 www. ewt. cc）

深圳市中农网电子商务有限公司

（中农网 www. ap88. com）

深圳市农产品交易中心股份有限公司

（AP－EC www. ap－ec. cn）

深圳市一达通企业服务有限公司

（一达通 www. onetouch. cn）

深圳华强电子交易网络有限公司

（华强电子网 www. hqew. com）

深圳市迪蒙网络科技有限公司

（淘金地 www. taojindi. com）

顺丰速运（集团）有限公司

（顺丰速运 www. sf－express. com）

兰亭集势贸易（深圳）有限公司

（兰亭集势 www. lightinthebox. com）

东莞

东莞市中大科教网络科技有限公司

（东莞国际商贸平台 www. etradenow. cn）

东莞市国安票务有限公司
（国安机票网 www. 96979. cn）

广东盛世商潮网络科技有限公司
（盛世商朝 www. bizyi. cn）

佛山

广东志高空调有限公司
（志高空调 www. china – chigo. com/cn）

顺德

广东新宝电器股份有限公司
（广东新宝电器股份有限公司 www. donlim. com ）

佛山市小冰火人网络科技有限公司
（小冰火人 www. miniice. com）

广东欧浦钢铁物流股份有限公司
（欧浦钢网 www. opsteel. cn）

广东小熊电器有限公司
（广东小熊电器 www. bears. com. cn）

佛山艾诗凯奇电气有限公司

(SKG 商城 www. skg. cc)

佛山市顺德区腾科计算机网络科技有限公司
(中国国际家具网 www. 777f. com，家易择配 www. 3dhdiy. com)

中山

中山市歌瑞尔服装有限公司
(歌瑞尔服装有限公司 www. gainreel. com)

广东省邮政速递物流有限公司中山市分公司
(中国邮政速递物流 www. ems. com. cn)

中山市中商港科技有限公司
(BABMALL 产业集群电子商务平台 www. babmall. com)

中山华帝燃具股份有限公司
(华帝燃具股份有限公司 www. vatti. com. cn)

广东全通教育股份有限公司
(广东全通教育股份有限公司 www. qtone. cn)

珠海市

珠海十亿人社区农业科技有限公司
(十亿人社区蔬果网 www. syr. hk)

珠海罗西尼表业有限公司
（罗西尼表官方舰旗店 rossini. tmall. com）

珠海威丝曼服饰股份有限公司
（威丝曼服饰 wsmchina. com）

惠州市

惠州酷友网络科技有限公司
（碰碰 Mall 商城 www. pengpengmall. com）

真维斯服饰（中国）有限公司
（真维斯 www. jeanswest. com. cn）

汕头市

广东潮宏基实业股份有限公司
（潮宏基 www. chjchina. com）

凯撒（中国）股份有限公司
（凯撒 kaiser 中国首家高档精品服装商城 www. e－kaiser. com. cn）

云浮

云浮宅里活信息科技有限公司
（宅里活 www. familive. cn）

云浮市阿门网络科技有限公司
（石汇网 www. stone. tm）

揭阳

广东伟兴电子科技有限公司
（广东伟兴电子科技 www. gdwxkj. com）

广东超亿美投资有限公司
（D 衣淘 www. pngjfzc. com）

江门

广东大冶摩托车技术有限公司
（广东大冶摩托车技术有限公司 www. tayomotor. com/）

B.38

政策驱动粤货“触网”

——“广货网上行”大事记

为加快广东省电子商务发展，鼓励传统企业应用电子商务，促进产业转型升级，2012 年，广东省委、省政府启动了声势浩大的“广货网上行”大型活动。活动以“广货网上行、促销稳增长”为主题，以“扩内需、促消费、调结构、稳增长”为目标，以“粤品、悦购、越精彩”为口号，坚持“政府搭台、企业唱戏”的原则，大力推动广东企业、广东商品、广式服务“上网触电”，在打造广东特色电子商务服务、培育标杆电子商务企业的同时，为广大消费者营造了质优、安全、诚信的网络购物环境。

广东省委、省政府倾全省之力举办“广货网上行”活动，省委、省政府主要领导亲自督办，省政府分管领导刘志庚副省长亲自担任活动组委会主任，全面统筹、指导、推动各项工作落实。省经济和信息化委员会认真履行牵头职责，省委宣传部、省发展和改革委员会、省科技厅、省财政厅等 18 个组委会成员单位按照职责分工密切配合，克服了时间紧、任务重、没有成熟经验借鉴等困难，圆满成功地举办了“2012 广货网上行”活动。各地、各有关企业积极参与，共同开创了广东电子商务发展的新里程碑。活动开展以来，活动主要开展了以下工作。

一是集中资源投入，广泛开展宣传推介。通过平面广告、网络宣传、户外宣传等方式，形成从消费者出门、出行、上班购物以及出游全方位的空间覆盖。投放了50家大型平面媒体、17家网络媒体，覆盖了北京、上海、天津等13个重点区域。平面媒体累计阅读量达8.4亿人次，网络媒体月均曝光16.9亿人次，手机短信累计发送超过5000万条。南方报业传媒集团、南方影视传媒集团以及中国电信、中国移动、中国联通三大运营商发挥了重要的宣传作用。此外，还组织了“广货网上行媒体报道团走基层”和“广东电商新崛起——全国网络媒体南粤行”活动，有效增强了活动的吸引力和影响力。

二是创新活动载体，打造群体品牌窗口。运用活动官方网站、移动平台、官方微博等互联网时代的多种传播渠道，打造“广货网上行”活动统一窗口，对外推介“广货网上行”以及行业最新的发展动态。在较短时间内建成了集中展示广东电子商务平台、网上商城、广货网店的活动官方网站，并于2012年8月31日活动启动仪式当日同步上线。另外，开发了手机版官网，并在新浪、腾讯两大平台开设了官方微博。

三是加强组织遴选，发动市场主体参与活动。出台实施《广货网上行活动市场主体遴选办法》，在全省范围内组织开展活动主体的申报遴选工作。据不完全统计，接近2万家企业提出了参与活动的申请，经遴选，参加活动的电子商务平台45家、网上商城138家、广货网店393家，“万家企业”超过1万家，基本达到了“十百千万”的目标。活动期间，各大电商企业推出了秒杀、团购、免邮、拍卖等多种形式的促销活动，消费者参与热情空前高涨。全省累计举办对接会30多场（次），促进了电子商务平台与工商企业零距离接触。

四是加大财政投入，发挥并加强政策引导带动作用。坚持公益性原则，免费为企业提供宣传等公共服务，同时，加大财政资金投入，引导广大企业积极参与活动，帮助企业“上网触电”。制定了《广货网上行资金管理办法》，确定了“以销定奖、以奖代补”等鼓励支持企业参与活动的具体办法，拟对其中表现突出的423家企业给予总额近5000万元的奖励，其中，平台类27家，资金约1500多万元；商城类83家，资金约1500万元；网店类118家，资金约1500万元；“上网触电”企业195家，资金约500万元。

五是确保活动质量，抓好市场监管和服务保障。诚信、质优是“广货网上行活动”的重要特色。制定了《广货网上行活动举报投诉管理办法》《广货网上行产品质量保障实施方案》及《广货网上行市场主体产品质量管理规范》。在活动官网设立了咨询投诉举报中心，公布了各市场监管部门的投诉举报电话。组织召开快递服务与网络零售对接会，为活动提供优质的物流配送服务。活动开展至今，未发生重大质量投诉案例。

在组委会的精心组织和各方的有力保障下，活动取得了预期成效，具体表现为以下几个方面。

1. 引起了社会广泛关注

中央电视台、《人民日报》等70多家主要媒体纷纷在黄金时间、主要版面报道了“广货网上行”活动，省内电视台进行了连线直播，“广货网上行”活动在全省主要城市做到了家喻户晓。目前，活动官网累计点击数超过493万人次，其中，来自广东以外的访客占47.4%，境外访客约占1.5%；日均点击数1.4万人次，单日最高访问量达5.89万人次，独立访客数超过262万人，官方微博“粉丝”超过10万人。同时，还吸引了中国工商银行、中国农业银行、中国银行、中国建设银行的广东分行等金融机构，以及阿里巴巴、京东商城、亚马逊、国美、苏宁易购等国内知名电商平台参与。活动在国内产生了重要影响，江苏、山东、湖南等多个省份纷纷到广东交流取经，并推出了类似的活动。

2. 标杆企业快速成长

“广货网上行”活动为广东省广大电子商务企业发展构筑了公共平台，促进了广东电子商务的快速发展。据统计，活动期间，参与活动的电子商务平台、网上商城和广货网店销售额同比增长基本都超过30%。2012年，腾讯旗下各平台全年成交额近260亿元，同比增长120%；唯品会网络销售额达到60亿元，增长超过200%；TCL网络销售额达到20亿元，增长超过300%。据艾瑞咨询统计，2012年，广东省共有腾讯电商（第4位）、唯品会（第8位）两家平台进入中国网络零售商（B2C）十强；环球市场居中国中小企业B2B电子商务运营商总营业收入市场份额第7位；腾邦国际、芒果网分列中国旅行预订市场第三方在线代理商营业收入份额第5位、第6位。

3. 广货网络交易额较快增长

“广货网上行”活动帮助广大企业提高了广货网络交易规模，提升了广货线上形象。据不完全统计，从活动开始至2013年6月，参与活动的电子商务平台、网上商城和广货网店实现销售额2061.3亿元，同比增长24%。其中，广货成交额达1315.1亿元，占比约为63.8%。

4. “触电”企业明显增多

上万家传统企业积极参与活动，迈出了开展电子商务的第一步。真维斯、TCL、广新控股、广东物资集团、天虹商场等一批传统企业线上线下发展（O2O）的局面更加协调。据统计，活动成交卖家会员数量达542.3万家，同比增长73.84%，其中广东卖家96.5万家。环球市场全国新签约会员数达1.12万家，其中广东新签约会员数4402家；酷狗在活动期间新增收费会员142万家，同比增长100%，累计注册用户突破1.4亿人，音乐和游戏类用户总数突破4.2亿人。

5. 网络消费群体快速扩大

据统计，自活动开始至2013年6月，成交买家会员总数量达12881.8万家，同比增长约23%。其中，电子商务平台成交买家数量为7337.2万家，同比增长约27%；网上商城成交买家数量达5042万家，同比增长13%；广货网店成交买家数量达502.3万家，同比增长约60%。

6. 电子商务发展氛围更加热烈

活动吹响了广东省电子商务跨越式发展的号角，掀起了新一轮电子商务发展热潮。省国资委召开省属企业电子商务发展工作会议，成立电子商务领导小组；省物资集团、广新控股、商业集团等企业积极响应，纷纷成立专门机构或电子商务公司，将电子商务作为推动企业转型升级的重要举措。中国人民银行广州分行出台《关于加大金融支持力度促进电子商务产业加快发展的指导意见》，为电子商务发展提供金融支撑。广州市出台《关于支持电子商务发展的若干意见》，明确连续5年每年安排5亿元支持电子商务发展；深圳市建设了“深商E天下”电子商务平台；珠海市出台了《关于加快发展电子商务的若干政策》；东莞市即将出台《加快推动电子商务发展的实施意见》和《东莞市电子商务发展规划（2012～2015年）》；汕头市出台了《关于促进电子商务健康快速发展的若干意见》，并以市政府令形式发布了《汕头市电子商务发展促进办法》，连续3年每年安排5000万元的电子商务促进资金；中山、顺德等地纷纷成立电子商务行业组织，目前，珠三角地区大部分地区已经成立或即将成立地区电子商务协会。

活动中，各地各有关企业积极参与，扎实工作，表现突出。广州、深圳、中山、惠州等市参与活动的企业数量居全省前列。腾讯拍拍累计为活动官网引入访客近 70 万人次。唯品会拿出 1 亿元优惠券在官网独家发放。环球市场制定了优惠政策推动企业上网，使部分企业得以减免数万元开展电子商务的会员费。总的来说，各地、各有关企业在活动中表现优秀，为“广货网上行”活动做出了积极贡献。

B.39 “广货网上行”参与企业名录

一 第一批名单

（一）第一批平台

1. 广东物资集团公司
2. 深圳市农产品交易中心股份有限公司
3. 深圳走秀网络科技有限公司
4. 乐淘（中国）有限公司
5. 广东新安怀电子商务有限公司
6. 东莞市中大科教网络科技有限公司
7. 云浮市阿门网络科技有限公司
8. 深圳市腾讯计算机系统有限公司
9. 广州龙媒计算机科技有限公司
10. 广东塑料交易所股份有限公司
11. 深圳华强电子交易网络有限公司
12. 广州摩拉网络科技有限公司
13. 中经汇通有限责任公司
14. 广州酷狗计算机科技有限公司
15. 广州闪购软件服务有限公司
16. 广州唯品会信息科技有限公司
17. 广州移盟数字传媒科技有限公司
18. 广州市衣酷网络技术有限公司

19. 广州市人文网络科技有限公司
20. 广东海虹药通电子商务有限公司

（二）第一批商城

1. 广东广新信息技术产业发展有限公司
2. 广东中旅（集团）
3. 广东省文教体育用品进出口公司
4. 天虹商场股份有限公司
5. 深圳市网通电子商务有限公司
6. 深圳市戴维尼科技有限公司
7. 深圳市鑫品卓科技有限公司
8. 深圳市锦和泰珠宝有限公司
9. 深圳市网商网科技有限公司
10. 深圳市易迅电子商务发展有限公司
11. 深圳市家电网科技实业有限公司
12. 珠海天威泛凌贸易有限公司
13. 佛山艾诗凯奇电气有限公司
14. 佛山市金红棉服饰有限公司
15. 佛山市木美居家具销售有限公司
16. 富绅集团有限公司
17. 广东金易科技有限公司
18. 惠州音平电声科技股份有限公司
19. 惠州客音商务服务有限公司
20. 东莞市糖酒集团美宜佳便利店有限公司
21. 广东盛世商潮网络科技有限公司
22. 东莞市酷配电子商务有限公司

23. 中山市太力家庭用品制造有限公司
24. 广东信灵网络科技发展有限公司
25. 中山市中商港科技有限公司
26. 四会市金铭玉器厂
27. 揭阳市中恒信网络服务有限公司
28. 佛山市小冰火人网络科技有限公司
29. 佛山市顺德格兰仕生活电器销售有限公司
30. 佛山市顺德区腾科计算机网络科技有限公司
31. 广州市久邦数码科技有限公司
32. 广州易积网络科技有限公司
33. 中国移动通信集团广东有限公司
34. 广州购书中心有限公司
35. 广东银旅通信息网络发展有限公司
36. 广东巨群网络科技有限公司
37. 深圳市迪蒙网络科技有限公司
38. 广州金泸贸易有限公司
39. 广州联采信息科技有限公司
40. 广州爱购网络科技有限公司
41. 广州上下易信息技术有限公司
42. 深圳依谷网电子商务有限公司
43. 广州市将来网络科技有限公司
44. 广州市菲星数码科技有限公司
45. 广州市沃祺贸易有限公司
46. 广东南都全媒体网络科技有限公司
47. 广州市百臣信息科技有限公司
48. 梅县华银茶业有限公司

49. 广州市贝法易商贸有限公司
50. 广州市动景计算机科技有限公司
51. 广州魅闺坊生物科技有限公司
52. 广东新快达媒体服务有限公司
53. 广州方维数码科技有限公司
54. 深圳海王星辰电子商务有限公司
55. 广州苏锐科技有限公司
56. 广州市百库电子科技有限公司
57. 广州源康信息科技有限公司
58. 广州讯洋信息技术有限公司
59. 广州旭驰信息科技有限公司
60. 深圳市壹佰悦电子商务有限公司
61. 深圳市戴欧妮科技有限公司
62. 中山华帝燃具股份有限公司
63. 广州远信网络科技发展有限公司
64. 广东南方报业新生活传媒科技有限公司
65. 广州酷漫居动漫科技有限公司
66. 广州职场秀电子商务有限公司
67. 广州乐行信息科技有限公司
68. 广州市罡名贸易有限公司

（三）第一批网店

1. 广东省华大物流总公司
2. 广东华侨友谊公司
3. 广东恒晟商贸实业发展有限公司
4. 广东糖酒酒业连锁有限公司

5. 深圳市欧莎世家服饰有限公司
6. 稳健实业（深圳）有限公司
7. 深圳市优恩互联生物科技有限公司
8. 广东天章信息纸品有限公司
9. 珠海市大凌进出口有限公司
10. 珠海市鼎胜胶粘制品有限公司
11. 珠海市航粤机电设备有限公司
12. 珠海市联星焊接设备有限公司
13. 珠海粤科京华电子陶瓷有限公司
14. 珠海阳光儿童用品有限公司
15. 汕头市澄海区新龙新服饰有限公司
16. 佛山市秀谷投资发展有限公司
17. 梅州华亿泰服装有限公司
18. 梅县华创风汽车配件制造有限公司
19. 广东睡冬宝家用纺织品有限公司
20. 德赛电子（惠州）有限公司
21. 广东菲安妮皮具股份有限公司
22. 惠州市天敏科技发展有限公司
23. 菲尔服饰（惠州）有限公司
24. 惠州冠凯实业有限公司
25. 卡莉莉手袋皮具厂（惠州）有限公司
26. 东莞亲亲我实业有限公司
27. 东莞市极客库电子商务有限公司
28. 东莞市江瑞贸易有限公司
29. 东莞市福森贸易有限公司
30. 东莞市尚睿电子商务有限公司

31. 广东龙的集团有限公司
32. 中山市霞湖世家服饰有限公司
33. 中山市光阳电器有限公司
34. 中山市易生活家居服务有限公司
35. 中山市天驭服饰有限公司
36. 中山市通伟服装有限公司
37. 广东家柏诗电器有限公司
38. 中山市佳维商贸有限公司
39. 中山市烤味佳烧烤厨具有限公司
40. 康美药业股份有限公司
41. 广东顺祥陶瓷有限公司
42. 潮州市创佳电子有限公司
43. 潮安恒光五金实业有限公司
44. 佛山市美的日用家电集团有限公司
45. 佛山艾诗凯奇电气有限公司
46. 广东海川智能机器股份有限公司
47. 佛山市陈村花卉世界信息科技有限公司
48. 广东达美新材料有限公司
49. 佛山顺德区圣托信息科技有限公司
50. 佛山市顺德区盛熙电器制造有限公司
51. 佛山市简氏依立电器有限公司
52. 佛山市毅科塑胶制造有限公司
53. 佛山市顺德区菱之菱电器有限公司
54. 佛山市顺德区德家家具有限公司
55. 佛山市顺德区那度家具有限公司
56. 佛山市顺德区乐从供销集团顺客隆商场有限公司

57. 佛山市顺德区心韵木业有限公司
58. 佛山市顺德区凯杰电器有限公司
59. 佛山市顺德区贝迪工艺礼品有限公司
60. 佛山市顺德区基士博涂刷设备有限公司
61. 佛山市顺德区深美塑料五金电器有限公司
62. 佛山市陈村花卉世界信息科技有限公司
63. 佛山市顺德区原之美家具制造有限公司
64. 佛山市顺德区汇世通电子商务有限公司
65. 佛山市顺德区标奇制衣有限公司
66. 佛山市顺德区乐从镇水藤永隆家具厂
67. 广东友田家用电器有限公司
68. 佛山市莱玛贸易有限公司
69. 佛山泓美电脑网路公司
70. 佛山市顺德区红城电器贸易有限公司
71. 佛山市顺德区乐和居家具有限公司
72. 佛山市顺德区龙江镇卡奴米鞋业经营部
73. 佛山市顺德区大金贝电器网络营销有限公司
74. 佛山市顺德区龙江镇皇者玩家精品店
75. 佛山市顺德区我的拍档网络技术服务有限公司
76. 广州惠海门店电脑科技有限公司
77. 广州肌言堂生物科技有限公司
78. 广州二天堂大药房连锁有限公司
79. 东莞市经信商贸服务中心
80. 东莞市领先电子科技有限公司
81. 东莞市泰和塑胶制品有限公司
82. 东莞市秦汉艺术有限公司

83. 深圳市凯沃尔电子有限公司
84. 东莞市康之伴服务有限公司
85. 东莞市富邦纸业有限公司
86. 东莞市积勤机电科技有限公司
87. 东莞市百成科技有限公司
88. 东莞市启雄五金制品有限公司
89. 广州信诺网络商务发展有限公司
90. 汕头市潮南区方小方仿瓷餐具制品厂
91. 东莞市隆威实业有限公司
92. 东莞市兴陈电子有限公司
93. 东莞市泰新塑胶制品有限公司（弃权）
94. 广东一九在线信息科技有限公司
95. 东莞市竞文电脑有限公司
96. 东莞市慧骏商贸有限公司
97. 东莞市日昌升投资管理有限公司
98. 广州标卓家私装饰有限公司
99. 广州魅闺坊生物科技有限公司
100. 深圳合富友信电子商务有限公司
101. 广州哥弟真的好贸易有限公司
102. 广州方南服装有限公司
103. 中山市汤玛斯服装有限公司
104. 佛山市南海科西亚数码电气有限公司
105. 广州合和实业有限公司
106. 广州食养美肌化妆品有限公司
107. 广东新海山家居用品有限公司
108. 广州市聚惠星互联网科技有限公司

二　第二批名单

（一）第二批平台

1. 广东省广新控股集团有限公司
2. 广东本草药业连锁有限公司
3. 中国电信股份有限公司广东号百信息服务分公司
4. 广州薪火网络科技有限公司
5. 广州慧聪网络科技有限公司
6. 广州光亚网络科技有限公司
7. 广州博纵信息科技有限公司
8. 广州化工交易中心有限公司
9. 纵横天地电子商旅服务有限公司
10. 广州亿码科技有限公司
11. 广州市久邦数码科技有限公司
12. 广东林安物流发展有限公司
13. 广东汇卡商务服务有限公司
14. 广州星海传媒有限公司
15. 深圳市怀众科技有限公司
16. 深圳市恩鹏科技有限公司
17. 佛山市凌高资讯有限公司
18. 广东盛世商潮网络科技有限公司
19. 广东渤海石化产品交易中心有限公司
20. 广东超亿美投资有限公司

（二）第二批商城

1. 中国联通网络通讯有限公司广东省分公司
2. 广东省广新控股集团有限公司
3. 广东省华大物流总公司
4. 广东恒晟商贸实业发展有限公司
5. 广东省商业企业集团公司
6. 广东省华友拍卖行
7. 广州市广百股份有限公司
8. 广东康爱多连锁药店有限公司
9. 广州美亚电子商务旅行社有限公司
10. 广州市易票联支付技术有限公司
11. 广东省邮政速递物流有限公司
12. 广州市友谊集团股份有限公司
13. 广东绿瘦健康信息咨询有限公司
14. 广州市良易信息科技有限公司
15. 广州满朝欢酒业有限公司
16. 广东省出版集团数字出版有限公司
17. 广东新汇豪投资有限公司
18. 广州市封面贸易有限公司
19. 广东村村通科技有限公司
20. 广州市玉旺贸易有限公司
21. 广州市钻汇珠宝采购博览有限公司
22. 广州欢立天信息科技有限公司
23. 广州亚网网络科技有限公司
24. 广州市红日燃具有限公司

25. 广州新塘牛仔文化传播有限公司
26. 广东南湖国际旅行社有限责任公司
27. 广州万森电子商务有限公司
28. 广州力动康体设施有限公司
29. 广东广垦电子商务交易有限公司
30. 广州月旺网络科技有限公司
31. 广东腾南网络信息科技有限公司
32. 广州老伙计信息科技有限公司
33. 广东亿启数码科技有限公司
34. 深圳市香雅食品有限公司
35. 依波精品（深圳）有限公司
36. 深圳报业集团电子商务有限公司
37. 汕头市潮宏基贸易有限公司
38. 汕头市易讯网络有限公司
39. 汕头市华德利贸易有限公司
40. 凯撒（中国）股份有限公司
41. 广东鑫锘影视文化传播有限公司
42. 广东志高空调有限公司
43. 广东嘉莉诗（国际）服装有限公司
44. 广东万和新电气股份有限公司
45. 广东凯仕乐科技发展有限公司
46. 广东雪莱特光电科技股份有限公司
47. 佛山市心尚卫浴有限公司
48. 梅州新都科技实业有限公司
49. 惠州市潮潮网络电子商务有限公司
50. 中国电信股份有限公司中山分公司

51. 广东大冶摩托车技术有限公司
52. 茂名信鉴电子科技有限公司
53. 清远市尚正计算机科技有限公司
54. 广东长城集团股份有限公司
55. 广东伟兴电子科技有限公司
56. 云浮宅里活信息科技有限公司

（三）第二批网店

1. 广州明泽贸易有限公司
2. 广州美商波派皮具有限公司
3. 广州市嬉皮士皮具有限公司
4. 广州市人民印刷厂股份有限公司
5. 广州市阿的莱斯服饰有限公司
6. 广州纤姿依人服装有限公司
7. 广州七乐康药业连锁有限公司
8. 广州知茗度茶叶有限公司
9. 广州市有福数码科技有限公司
10. 广州市淘羲网络科技有限公司
11. 广州鸿锦服饰有限公司
12. 广东星外星文化传播有限公司
13. 广州御汇堂化妆品有限公司
14. 广州汤氏尚品商贸有限公司
15. 广州市迪彩化妆品有限公司
16. 广州市天河宝元堂食品商行
17. 广州星川网络科技有限公司
18. 广州天策投资管理有限公司

19. 广州甜蜜蜜网络科技有限责任公司
20. 广州健民医药连锁有限公司
21. 广州市欣喜悦化妆品有限公司
22. 广州奈璐服装有限公司
23. 广州市番禺区区氏翔顺皮具五金制品有限公司
24. 广州纳川商务咨询有限公司
25. 广州一马文化传播有限公司
26. 广州市花都区狮岭百纳箱包厂
27. 广州市纵银文化发展有限公司
28. 广州好求贸易有限公司
29. 广州天凝贸易有限公司
30. 广州纺织品进出口集团有限公司
31. 广州市伶居丽布纺织品有限公司
32. 广州市莱贝吉服饰有限公司
33. 广州温威尔化妆品有限公司
34. 广州领迅信息科技有限公司
35. 广州马汀斯体育用品有限公司
36. 广州汉草荟生物科技有限公司
37. 广州市众用网络科技有限公司
38. 广州安宝莱信息科技有限公司
39. 广州市金狐企业管理有限公司
40. 广州薇诗奥生物科技有限公司
41. 深圳易方数码科技股份有限公司
42. 深圳市三义和科技发展有限公司
43. 深圳市捷龙信实业有限公司
44. 深圳华强电子世界网络技术有限公司

45. 深圳市稻草人皮具有限公司
46. 汕头市潮宏基贸易有限公司
47. 广东嘉莉诗（国际）服装有限公司
48. 广东雪莱特光电科技股份有限公司
49. 佛山市赢通网络信息技术有限公司
50. 广东奥丽依内衣集团有限公司
51. 佛山市西伍服饰有限公司
52. 佛山市健博通电讯实业有限公司
53. 佛山市姐妹花内衣有限公司
54. 佛山市禅城区工商企业服务有限公司
55. 佛山市友易计算机有限公司
56. 佛山市优企信息技术有限公司
57. 佛山市浪鲸洁具有限公司
58. 佛山市越阳农业智能科技有限公司
59. 佛山市心尚卫浴有限公司
60. 广州三友酿酒股份有限公司
61. 真维斯服饰（中国）有限公司
62. 惠州市德赛西威汽车电子有限公司
63. 惠州市奥斯迪服饰有限公司
64. 惠州市力王绝缘材料有限公司
65. 惠州市惠城区珍红工艺品厂
66. 东莞市漫彩文化传播有限公司
67. 广东万里马投资实业有限公司
68. 东莞市红树枝服装辅料有限公司
69. 中山市讯迪电子商务有限公司
70. 中山市阿斯威尔贸易有限公司

71. 中山市锋范电器有限公司
72. 中山市海迪服饰有限公司
73. 中山市士丹达节能照明技术有限公司
74. 中山市龙之杰时装有限公司
75. 中山市优势电子商务有限公司
76. 中山市法丹奴服饰有限公司
77. 中山市古镇凯名隆灯饰门市部
78. 中山市澳克士照明电器有限公司
79. 中山市乐途电器有限公司
80. 中山市亚狮龙电子商务有限公司
81. 中山市尚品服饰有限公司
82. 中山市古镇帝盟灯饰经销部
83. 中山市伟豪家具有限公司
84. 中山市三番服饰有限公司
85. 中山市志永达酒业有限公司
86. 中山市弘亿制衣有限公司
87. 中山市奥慕服饰有限公司
88. 开平市法兰多卫浴有限公司
89. 江门市扬航电器有限公司
90. 江门市澳新食品有限公司
91. 新鸿厚（清新）制衣设计有限公司
92. 潮州市益美电器实业有限公司
93. 揭阳市兴财金属制品有限公司
94. 广东华能达电器有限公司
95. 广东中宝炊具制品有限公司
96. 揭阳市庆展不锈钢有限公司

97. 广东新宝电器股份有限公司
98. 广东万家乐燃气具有限公司
99. 佛山市顺德区九鼎世纪网络科技有限公司
100. 广东顺博家居电器有限公司
101. 佛山市顺德区力高制衣有限公司
102. 佛山市顺德区爱得乐服装制造有限公司
103. 佛山市顺德区长明网络信息咨询有限公司
104. 佛山市顺德区亿龙电器科技有限公司
105. 广东伟经日用五金制品有限公司
106. 佛山市顺德区永建家居用品有限公司
107. 佛山市顺德区启智数码科技有限公司
108. 广东宝丽雅实业发展有限公司
109. 佛山市美家生活电器有限公司
110. 佛山市奈叶服饰有限公司
111. 广东科荣电器有限公司
112. 佛山市顺德区锦杰电器有限公司
113. 佛山市智趣之星体育用品有限公司
114. 广东省东原厨具实业有限公司
115. 佛山市顺德区永通电子有限公司
116. 佛山市顺德区乐从镇沙边华美家具厂
117. 佛山市顺德区四维实业有限公司

三　第三批名单

（一）第三批平台

1. 深圳市腾邦国际票务股份有限公司

2. 广州钢铁交易中心有限公司
3. 广州一呼百应网络技术有限公司
4. 广东环球汽车用品有限公司
5. 广州市睿威信息科技有限公司
6. 广州妙购网络科技有限公司

（二）第三批商城

1. 肇庆市奥迅体育用品有限公司
2. 广东小熊电器有限公司
3. 珠海拱北中旅麒麟商务旅行社有限公司
4. 广东天章供应链有限公司
5. 深圳多米儿童科技有限公司
6. 东莞市国安票务有限公司
7. 东莞市实佳实业投资有限公司
8. 梅州好万家实业有限公司
9. 广州毓研妆化妆品有限公司
10. 广州卓润科技发展有限公司
11. 广州十五分钟电子商务有限公司
12. 广州市青怡农业科技有限公司
13. 广州奇码科技有限公司
14. 广东省土产进出口（集团）公司
15. 广州启秀信息科技有限公司
16. 广州美网咨询顾问有限公司
17. 广州水玲龙服装有限公司
18. 广州酷旅信息技术有限公司
19. 广州金典黄金销售有限公司

20. 广州华智计算机科技有限公司

（三）第三批网店

1. 中山市凯维布朗制衣有限公司
2. 汕头市星河电器有限公司
3. 肇庆市广域网络科技有限公司
4. 肇庆博涵体育用品有限公司
5. 佛山电器照明股份有限公司
6. 佛山市百淘信息技术有限公司
7. 佛山市兆佳制衣有限公司
8. 佛山市大富先达服装有限公司
9. 佛山星期六鞋业股份有限公司
10. 佛山市三俊电子股份有限公司
11. 佛山众擎八方网络科技有限公司
12. 佛山市南海凯俐福金属制品有限公司
13. 佛山市悦尔轩酒具科技有限公司
14. 佛山市潮集数码科技有限公司
15. 佛山市伟仕达电器实业有限公司
16. 佛山市顺德区炬桓贸易有限公司
17. 佛山市斯丹诺生活电器有限公司
18. 佛山市顺德区威德利照明有限公司
19. 佛山市顺德区海迅电子商务有限公司
20. 佛山市飞鱼电子商务有限公司
21. 佛山市顺德区美美购电子商务有限公司
22. 广东创迪电器有限公司
23. 佛山市顺德区安尚家具有限公司

24. 广东麦理杰电器有限公司
25. 佛山市顺德区凯阳进出口贸易有限公司
26. 江门市贝尔斯顿电器有限公司
27. 江门市睡宝纺织品有限公司
28. 江门市蓬江区虹源电子有限公司
29. 江门市蓬江区弘亿电子科技有限公司
30. 江门市丽明珠箱包皮具有限公司
31. 广东缤果动漫连锁管理有限公司
32. 鹤山市广明源照明电器有限公司
33. 鹤山高信制衣有限公司
34. 鹤山市富华鞋业皮具有限公司
35. 珠海格之格数码科技有限公司
36. 珠海罗西尼表业有限公司
37. 汤臣倍健股份有限公司
38. 珠海丹俊打印技术有限公司
39. 珠海市珈玛灯具制造有限公司
40. 珠海市佳弘科技有限公司
41. 珠海跃华电子有限公司
42. 珠海市智迪科技有限公司
43. 珠海市启尔科技有限公司
44. 珠海市斗门福联造型材料实业有限公司
45. 珠海市连安发展有限公司
46. 珠海东之尼电子科技有限公司
47. 珠海先河生物技术有限公司
48. 珠海赛比特电气设备有限公司
49. 珠海派诺科技股份有限公司

50. 珠海市朗程润滑材料有限公司
51. 珠海灰太狼打印耗材有限公司
52. 珠海飞普电子科技有限公司
53. 珠海丽日帐篷有限公司
54. 广东凌丰集团销售有限公司
55. 深圳市钻石快线发展有限公司
56. 深圳市贝利爽实业有限公司
57. 深圳市鑫万福珠宝首饰有限公司
58. 亚来（深圳）电子商务有限公司
59. 澳丽达化妆品（深圳）有限公司
60. 深圳市金立通信设备有限公司
61. 精灵电子科技（深圳）有限公司
62. 东莞市伊吉康健身器材有限公司
63. 东莞慧兄贸易有限公司
64. 东莞市圣旗路时装有限公司
65. 东莞市华美食品有限公司
66. 东莞市迎宝鞋业科技有限公司
67. 东莞市海贝鞋业有限公司
68. 东莞市易利嘉电子有限公司
69. 广州藤佳医疗器械有限公司
70. 广州市白云联佳精细化工厂
71. 湛江鸿智电器有限公司
72. 中山市华艺灯饰照明股份有限公司
73. 中山市胜球灯饰集团有限公司
74. 中山市古镇新宝电子厂
75. 中山市德贝尔电器有限公司

76. 中山东菱威力电器有限公司
77. 中山百得厨卫有限公司
78. 中山市莱亚照明电器有限公司
79. 中山市小榄镇金龙制衣厂
80. 中山市国联商贸有限公司
81. 中山市新动力礼品制造有限公司
82. 中山市艾纳优电子有限公司
83. 广东伽懋毛织时装有限公司
84. 汕头市佰宝电器有限公司
85. 广东凯迪服饰有限公司
86. 梅州市领南裕宝实业有限公司
87. 广州昊王皮具有限公司
88. 广州市唯魅化妆品有限公司
89. 广州市宝爵钟表有限公司
90. 广州信泰皮具有限公司
91. 广州琪高投资有限公司
92. 广州都德服装有限公司
93. 广州绩高节能科技有限公司
94. 广州市蓝钜电子科技有限公司
95. 广州艺建联科技图书有限公司
96. 广州衡特信息科技有限公司
97. 广东苹果实业有限公司
98. 广州沧浩潮贸易有限公司
99. 广州市欧多尔贸易有限公司
100. 广州承基信息咨询有限公司
101. 广州尊仕行服饰有限公司

102. 广州盈商电子科技有限公司
103. 广州登好路皮具有限公司
104. 广州市登好路服饰有限公司
105. 广州爱帛服饰有限公司
106. 广州瑞玫姿贸易有限公司
107. 广州金点子服饰有限公司
108. 广州蒙嘉蒂贸易有限公司
109. 广州蓝江网络科技有限公司
110. 广州煜炜化妆品有限公司
111. 广州韵善力贸易有限公司
112. 惠州市爱华仕运动用品有限公司
113. 广东金达信贸易有限公司
114. 广州远信网络科技发展有限公司
115. 广州妈妈云商贸有限公司
116. 广州泰玛皮具有限公司
117. 广州市迈势广告有限公司
118. 广州隆泰电子科技发展有限公司
119. 广州啊噜哈贸易有限公司
120. 广州汇津源信息科技有限公司
121. 广州市玛谱丽服装有限公司
122. 广东裕宝伟业科技发展有限公司
123. 广州黑石数码科技有限公司
124. 广东得胜电子有限公司
125. 广州市意韵服饰有限公司
126. 广州广园汽车客运有限公司
127. 中山美来乐电器有限公司

128. 广州市誉能贸易有限公司
129. 广州市脉博国际贸易有限公司
130. 广州益点圆计算机科技有限公司
131. 广州市丽翠贸易有限公司
132. 广州市正松日信息技术有限公司
133. 广州卡妙贸易有限公司
134. 广州市上川美信息科技有限公司
135. 广州市鼎欧时尚服饰有限公司
136. 广州双鱼体育用品集团有限公司
137. 广州市华工电脑网络工程有限公司
138. 广州休塔网络科技有限公司
139. 广州臻锐医疗器械有限公司
140. 广州好烨医疗器械有限公司
141. 广州普慈医疗科技有限公司
142. 惠州市明大精密电子有限公司
143. 美盛隆制罐（惠州）有限公司
144. 惠州市中立发实业有限公司
145. 惠州市惠阳区沙田天道朗服装加工厂
146. 惠州龙为科技有限公司
147. 惠州市惠康家居有限公司
148. 惠州市利达行五金刀具有限公司
149. 富茂工业（惠阳）有限公司
150. 广东雅士利集团有限公司
151. 阳江十八子集团有限公司
152. 阳江市佰伦实业有限公司
153. 广东羽威羽绒实业有限公司

154. 韶关市洋竹林贸易有限公司
155. 韶关市华启贸易有限公司
156. 广州市利工民针织有限公司
157. 广州是魅之衣贸易有限公司
158. 广东博宇集团有限公司
159. 深圳市爱度珠宝有限公司
160. 饶平县金利佳机电有限公司
161. 广东创荣时装实业有限公司
162. 广东海利集团有限公司
163. 广东新功电器有限公司
164. 广东快发支付信息技术有限公司
165. 东莞市杰必达无纺布有限公司
166. 东莞市东城冠羽电脑经营部
167. 东莞市玺丰自动化设备有限公司
168. 东莞市敏通电子科技有限公司
169. 东莞市莞城永固电力器材销售部
170. 广东玉兰装饰材料有限公司
171. 东莞市世发贸易有限公司
172. 东莞市康之伴服装有限公司
173. 东莞市旭安电子商务有限公司
174. 广东麦斯卡体育用品有限公司
175. 深圳市宝施曼珠宝科技发展有限公司
176. 深圳市健美滋贸易有限公司
177. 深圳市中泉实业有限公司
178. 深圳市惟有爱礼品有限公司
179. 深圳淳度服装有限公司

B.40
华南电子商务联盟简介

一　联盟成立的背景

随着我国网络技术普及率的日益提高，通过网络进行购物、交易、支付等的电子商务新模式发展迅速。电子商务凭借其低成本、高效率的优势，不但受到普通消费者的青睐，还有效地促进了中小企业寻找商机、赢得市场，已成为我国转变发展方式、优化产业结构的重要动力。

发展电子商务不仅需要政府的政策支持和引导、企业的参与和努力，还需要集合全社会的力量共同参与，投到积极发展电子商务的大潮中。华南地区作为改革开放较早的地区之一，需要在电子商务浪潮中起到引领发展的作用。因此，为了贯彻落实党和国家促进电子商务发展的相关政策，切实提升华南地区整体的电子商务发展水平，优化华南地区电子商务发展结构，提高华南经济整体竞争力，帮助企业解决电子商务应用与发展难题，推进华南电子商务示范区建设，促进政府与民间的良性互动，联合政府、企业、行业协会、媒体以及学术界的华南电子商务联盟应运而生。

二　联盟组成

华南电子商务联盟是致力于推进“创新华南、电商华南”的非法人、互动性、学术性的民间联盟。

联盟由广东省电子商务协会，以及广州、深圳、东莞、佛山、珠海、惠州、汕头、中山、佛山、顺德、梅州、揭阳等市电子商务协会联合发起。华南理工大学、中山大学、暨南大学、华南师范大学、广东财经大学、广东省电子商务重点应用实验室等高校和科研院所，广东省现代服务业联合会、广东省制造业协会、广东省信用担保协会等兄弟行业协会，环球市场集团、梦芭莎、唯品会、深圳走秀网、佛山广佛智城、珠海海纳城等为会员单位。“广货网上行”参与单位等也参与发起。

联盟于2013年8月18日在东莞松山湖高新区正式成立，广东省经济和信息化委员会党组副书记、巡视员戚真理为联盟主席，黄建民、全在勤、张颖、刘炯贤、胡伟权、黄镜铨、祁明、沈亚、郝建强、修细毅 、梁智宇、罗艳萍、林静茵、彭利民、黄志忠、纪深南、张宏超、张文泉、林海泽、郑永发等为联盟副主席。

联盟秘书长由广东省电子商务协会专职副会长兼秘书长程晓担任；张强、罗志成为常务副秘书长；甘献妙、余巧芸、王莉等为副秘书长。

联盟秘书处设在广东省电子商务协会，负责联盟管理。联盟办公室设在松山湖管委会，由广东省电子商务协会和东莞市电子商务协会委派工作人员办公和开展活动，办公室主任为罗志成，副主任为王莉。

三　联盟宗旨

联盟的愿景是以“立足华南、放眼世界——创建华南电子商务交流平台”为主题，以“鼓励电商创新，增加行业交流，提升行业地位，推进融合发展”为宗旨，塑造华南电商一家人形象，构建华南电子商务平台的一体化发展格局，致力于让华南电子商务平台品牌化发展，让华南电子商务品牌走向全国、走向世界。

联盟在“促进融合、示范引导、产业带动、规范发展”原则的指导下，致力于积极整合政府、企业、银行、媒体、协会、学界、资本等资源，将联盟打造成华南电子商务行业圈的“宣传平台”“交流平台”“资格平台”“提升平台”和“品牌平台”，发挥联盟“方向的力量”“联合的力量”“持续的力量”，为华南电子商务平台品牌化建设和推广提供服务。

四　联盟承诺

（一）华南电子商务的发展需要全社会各方面的力量联合起来，要注意学习、借鉴国外发达国家的电子商务发展理念、模式，借助发达国家的成功经验，更要结合中国国情进行不断地创新和实践。唯有如此，才能加快华南电子商务发展的步伐，将华南建设成具有国际影响力的电子商务发展区域。

（二）对于省内信用企业，联盟将充分联合“政府、企业、媒体、协会、专家”资源积极予以帮助和扶持，积极为省内信用企业品牌在全国范围内做持续宣传和推广。

（三）联盟将坚持“公开、公正、公平”的原则，积极发动人民群众以各种方式关注、监督、保护信用企业。对于未经本联盟批准擅自将本联盟列为相关活动的主办、承办、支持单位等侵权行为，联盟将依法追究其法律责任。

五　联盟开展的主要业务和活动

（一）改善电商发展环境，优化电商发展结构，深化电商应用水平，促进电商行业融合，推动华南电子商务示范区建设。

（二）组织研究适合华南电商企业发展的实施方案，为政府发展电子商务提供决策参考，并在联盟成员中试点后进行大范围推广，起到引领行业发展的作用。

（三）鼓励电子商务服务技术创新和模式创新，推动商业模式、商业业态创新。加强产学研合作，激发电商企业的创新活力。

（四）重点鼓励发展电子商务服务业，培育一批具有行业影响力，提供电子商务咨询、资讯、法律、信息技术、人力资源等专业服务的电子商务服务企业。

（五）为华南地区的电商企业开展国际合作提供支持，向海内外推广“华南电商优势企业”与“华南电商优势品牌”。

（六）联盟其他活动

每年 8 月 18 日举行“华南电商联盟峰会”（定点为东莞松山湖）。

定期组织联盟内的相关业余交流活动，如联盟羽毛球、篮球比赛等。

定期举办“华南电商”行业沙龙。

建立联盟网页——“华南电子商务公共平台”。

每年 3 月举办联盟年会暨梳理发布“广东电子商务企业 100 强”等。

六　华南电子商务联盟办公室联系方式

地址 1：广州市越秀区越华路 116 号轻化集团副楼 302 室

电话：020 – 83725071/83540237 – 602

传真：020 – 83725073

网址：www. gd－eca. org. cn

邮箱：gddzswxh@ 163. com

联系人：王莉副秘书长　电话：13622888609

地址2：东莞市南城高盛科技园A座403

电话：0769－89772367

网址：www. dgeca. com

邮箱：2609160923@ qq. com

联系人：罗志成秘书长　电话：18688662979

B.41
后　记

随着我国网络技术普及率的日益提高，通过网络进行购物、交易、支付等的电子商务新模式发展迅速。电子商务凭借其低成本、高效率的优势，不但受到普通消费者的青睐，而且有效地促进了中小企业寻找商机、赢得市场。电子商务已成为我国转变发展方式、优化产业结构的重要动力。电子商务将成为21世纪人类信息世界的核心，也是网络应用的发展方向，具有无法预测的增长前景。

广东省已成为中国电子商务发展的重要力量。根据广东省政府的要求，电子商务作为以信息技术创新流通模式形成的现代流通新业态，是广东省现代服务业的重要组成部分，是促消费、稳增长、调结构、惠民生的强大动力。

为及时了解广东省电子商务业发展情况及趋势，借鉴国内外电子商务的发展经验，为广东及其各地市电子商务的发展提供有益参考，科学指引广东省电子商务新发展，在广东省经济和信息化委员会领导、专家和华南理工大学现代服务业研究院等的大力支持下，由广东省电子商务协会组织编写的《广东省电子商务发展报告(2013)》终于与读者见面了。

本报告是对广东省电子商务业发展情况进行研究、预测的科研报告，其主要任务是对2012年广东省电子商务的状况和问题进行分析，对其发展趋势进行预测和展望，并提出相应的对策建议。报告通过对广东省电子商务的发展现状和走势做出有科学根据的、严谨的研究，并在此基础上提出诸多有针对性和可操作性的对策建议，为各级领导和决策部门决策提供参考。

本报告的出版得到了广东省经济和信息化委员会党组副书记戚真理巡视员，广东省经济和信息化委员会生产服务业处黄建明处长、全在勤副处长、黄紫华科长，各市经济和信息化局的有关领导，华南电子商务联盟各成员单位的会长、秘书长，以及相关企业的大力支持。在此，我们向所有支持、参与编写本书的领导、专家、企业家、学者和广东省电子商务协会的工作人员表示衷心的感谢。

我们将继续编辑出版《广东省电子商务发展报告》，以此为广东电子商务科学发展提供持续不断的支持。希望能得到关心广东电子商务发展的专家、学者和有关领导的继续支持、指导，期待业界人士和广大读者对本书的不足之处提出宝贵意见和建议，以进一步提高《广东省电子商务发展报告》的质量。

《广东省电子商务发展报告（2013）》编委会

2013 年 11 月 11 日

权威报告　热点资讯　海量资源

当代中国与世界发展的高端智库平台

皮书数据库 www.pishu.com.cn

皮书数据库是专业的人文社会科学综合学术资源总库，以大型连续性图书——皮书系列为基础，整合国内外相关资讯构建而成。包含七大子库，涵盖两百多个主题，囊括了近十几年间中国与世界经济社会发展报告，覆盖经济、社会、政治、文化、教育、国际问题等多个领域。

皮书数据库以篇章为基本单位，方便用户对皮书内容的阅读需求。用户可进行全文检索，也可对文献题目、内容提要、作者名称、作者单位、关键字等基本信息进行检索，还可对检索到的篇章再作二次筛选，进行在线阅读或下载阅读。智能多维度导航，可使用户根据自己熟知的分类标准进行分类导航筛选，使查找和检索更高效、便捷。

权威的研究报告，独特的调研数据，前沿的热点资讯，皮书数据库已发展成为国内最具影响力的关于中国与世界现实问题研究的成果库和资讯库。

皮书俱乐部会员服务指南

1. 谁能成为皮书俱乐部会员？

- 皮书作者自动成为皮书俱乐部会员；
- 购买皮书产品（纸质图书、电子书、皮书数据库充值卡）的个人用户。

2. 会员可享受的增值服务：

- 免费获赠该纸质图书的电子书；
- 免费获赠皮书数据库100元充值卡；
- 免费定期获赠皮书电子期刊；
- 优先参与各类皮书学术活动；
- 优先享受皮书产品的最新优惠。

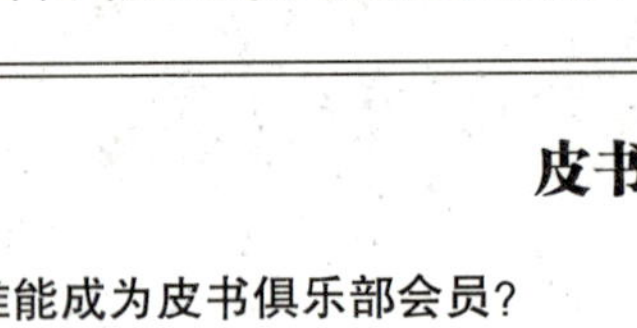

（本卡为图书内容的一部分，不购书刮卡，视为盗书）

3. 如何享受皮书俱乐部会员服务？

（1）如何免费获得整本电子书？

购买纸质图书后，将购书信息特别是书后附赠的卡号和密码通过邮件形式发送到pishu@188.com，我们将验证您的信息，通过验证并成功注册后即可获得该本皮书的电子书。

（2）如何获赠皮书数据库100元充值卡？

第1步：刮开附赠卡的密码涂层（左下）；

第2步：登录皮书数据库网站（www.pishu.com.cn），注册成为皮书数据库用户，注册时请提供您的真实信息，以便您获得皮书俱乐部会员服务；

第3步：注册成功后登录，点击进入“会员中心”；

第4步：点击“在线充值”，输入正确的卡号和密码即可使用。

皮书俱乐部会员可享受社会科学文献出版社其他相关免费增值服务
您有任何疑问，均可拨打服务电话：010-59367227 QQ:1924151860
欢迎登录社会科学文献出版社官网(www.ssap.com.cn)和中国皮书网（www.pishu.cn）了解更多信息